ÉTUDES

SUR LES

CHAMPS AURIFÈRES

DE

LYDENBURG, DE KAAP ET DU CHARTERLAND

(AFRIQUE DU SUD)

PAR

M. A. BORDEAUX,

Ingénieur civil des Mines.

(Extrait des Annales des Mines, livraison de Mars 1897.)

PARIS

P VICQ-DUNOD et C\ie, ÉDITEURS

LIBRAIRES DES CORPS NATIONAUX DES PONTS ET CHAUSSÉES, DES MINES
ET DES TÉLÉGRAPHES

Quai des Grands-Augustins 49

1897

ÉTUDES

SUR LES

CHAMPS AURIFÈRES

DE

LYDENBURG, DE KAAP ET DU CHARTERLAND

(AFRIQUE DU SUD)

PAR

M. A. BORDEAUX,

Ingénieur civil des Mines.

———

(Extrait des ANNALES DES MINES, livraison de Mars 1897.)

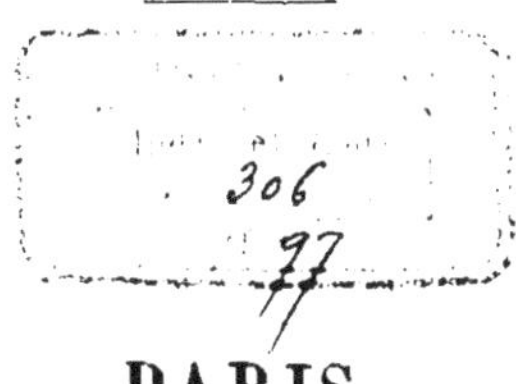

PARIS

P VICQ-DUNOD et Cie, ÉDITEURS

LIBRAIRES DES CORPS NATIONAUX DES PONTS ET CHAUSSÉES, DES MINES
ET DES TÉLÉGRAPHES
Quai des Grands-Augustins 49

1897

ÉTUDES

SUR LES

CHAMPS AURIFÈRES

DE

LYDENBURG, DE KAAP ET DU CHARTERLAND

(AFRIQUE DU SUD)

Par M. A. BORDEAUX, Ingénieur civil des Mines.

———

Pendant un séjour de près de quatorze mois dans l'Afrique australe, nous avons eu l'occasion de visiter, entre autres, les champs aurifères de De Kaap et de Lydenburg au Transvaal, et ceux de plusieurs régions du Charterland. C'est le résultat de nos observations que nous désirons exposer dans les trois chapitres suivants, auxquels correspondent respectivement les trois cartes des Planches VI et VII.

CHAPITRE I. — DE KAAP ET LE KOMATI. — Géologie générale. — § 1. Barberton ou De Kaap. — § 2. Carolina. — § 3. Steynsdorp.

CHAPITRE II. — LYDENBURG-PILGRIM'S REST. — Les alluvions. — Géologie générale. — § 1. Pilgrim's Rest. — § 2. Mac Mac. — § 3. Spitzkop. — § 4. Waterval.

CHAPITRE III. — LA RHODESIA OU LE CHARTERLAND. — Géologie générale. — § 1. Le Manicaland. — § 2. Le Mashonaland. — § 3. Le Matabeleland.

CHAPITRE I.

De Kaap. — Le Komati.

(Pl. VI, *fig*. 1.)

Géologie générale. — Les deux vallées de De Kaap et du Komati sont à peu près parallèles et descendent successivement vers le Crocodile river, la première à Kaapmuiden, la seconde à Komati port. La formation géologique de ces vallées est parmi les plus anciennes de l'Afrique du Sud. Le fond est formé par le granite à grains grossiers, syénite, pegmatite. Les montagnes qui séparent les vallées sont constituées par des strates de schistes, de quartzites, de conglomérats, et parfois d'argiles feuilletées ; ces strates sont parallèles, et généralement dirigées est-ouest, elles subissent cependant de nombreuses dislocations et vont même du nord au sud. Vu d'un sommet, par exemple de la cime de Sheba hill, ou du Saddleback hill au sud de Barberton, le pays présente un aspect *moutonné* extraordinaire, d'une telle irrégularité qu'il semble défier un ordre ou des alignements quelconques. C'est une succession sans fin de bosses arrondies, de dos d'âne, de pointes aiguës, comme les Three Sisters ; et tous ces sommets, dépassant de 800 à 1.000 mètres le lit des vallées, sont totalement dépourvus d'arbres, mais le plus souvent couverts d'une herbe maigre. Dans les ravins qui les séparent apparaissent des touffes d'arbres, les fonds des vallées sont couverts de broussailles ou d'arbres rabougris. Il est naturel que la végétation soit plus belle dans les ravins creusés dans les assises de schistes que dans les vallées de formation granitique. Dans ces dernières, surtout le Crocodile river, le granite affleure partout en dômes arrondis continuant à subir les effets de l'érosion. Au bord des rivières seulement, la végétation prend une plus grande ampleur, et, à mesure qu'on descend vers la mer, devient tout à fait tropicale.

Ces assises de schistes, quartzites, conglomérats et argiles n'ont pas une très grande puissance en général ; ce sont comme des bandes et comme des îlots isolés dans le granite qui constitue la formation de la base. Elles n'atteignent vraiment une grande puissance que dans la région appelée les Makongwa Mountains, de Barberton aux Three Sisters, à l'angle de laquelle se trouve la Sheba hill ; nous aurons l'occasion de préciser l'importance de ce fait ; dans cette région, la puissance des sédiments dépasse 15 à 16 kilomètres.

Cette grande bande des Makongwa Mountains est prolongée, à l'ouest, par une autre beaucoup plus étroite nommée Moodie's. Une autre bande le long de l'Elands spruit, affluent du Crocodile, s'étend de North Kaap à Barrett's Berlin et Coetzestroem.

Au sud-est, on retrouve la formation du Swaziland à Pigg's Peak et, au sud, sur la rive droite du Komati, à Steynsdorp ; enfin, à l'ouest, elle existe encore en amont du Komati, dans le district de Carolina, sur les fermes qui vont de Stolzberg à Avontuur ; les régions que nous venons de citer sont les plus connues, même les seules bien connues, parce qu'elles ont attiré les ingénieurs par leur richesse en or. La zone de Stolzberg à Avontuur paraît même être la suite ininterrompue de celle des Makongwa et de Moodie's, comme celle de Pigg's Peak paraît se rattacher à celle de Steynsdorp.

Les grès renferment quelques lentilles de charbon.

Toutes ces assises, et le granite lui-même, sont traversés par des intrusions parfois assez étendues de roches vertes, trapps, diorite, etc. Nous en signalerons quelques-unes en décrivant les zones aurifères. En général, les formations sont très redressées, comme si elles avaient subi un mouvement ayant également affecté le granite sous-jacent :

beaucoup de fractures sont remplies par des dykes dioritiques.

L'or existe dans les conglomérats, dans les schistes, même dans les grès et les quartzites, sans parler de quelques alluvions aurifères, le long des dykes de diorite qui sont aussi quelquefois aurifères. Mais, quelle que soit la nature de la roche, c'est un fait assez remarquable qu'on peut limiter l'imprégnation aurifère très étroitement, suivant des zones très longues, mais dont la largeur ne dépasse souvent pas plus de 30 mètres et atteint 100 à 150 mètres. Dans une de ces zones on compte une ou plusieurs bandes aurifères, le plus souvent une seule semble être exploitable, et, quand elle cesse, c'est parfois une autre qui subit une amélioration. De chaque côté d'une zone on peut faire un ou plusieurs kilomètres sans en rencontrer de nouvelles. Ce cas est général, à Moodie's comme à Sheba hill, comme à Steynsdorp. Perpendiculairement, ou à peu près, aux strates, existent de nombreuses fentes et cassures, souvent remplies par des dykes éruptifs, notamment aux points où les alignements subissent de fortes courbures, comme au sud de Barberton et à Sheba hill. L'or, nous le répétons, se trouve indifféremment dans les feuillets de schistes, les grès, les quartzites ou les conglomérats. Nous citerons des exemples de tous ces cas.

Les nombreuses fentes et cassures que nous signalons n'ont cependant guère produit dans les roches de véritables filons de fracture. Il semble que la nature de ces roches s'y prête mal, elles se sont plutôt fendues suivant des plans de clivage et sans que presque jamais il y ait eu formation de failles importantes par le glissement des deux parois l'une sur l'autre. Cependant nous verrons quelques reefs comme celui de Joe's Luck, qui ont certains caractères des filons de fracture. Mais, là encore, les deux épontes ne présentent pas de phénomènes de métamorphisation et, à l'intérieur, elles continuent à manifester des plans de cassures parallèles à celui du reef, et ce cas est général dans tout le district. Il y a eu plutôt imprégnation, comme au Rand, par ces plans de cassures, généralement aquifères, et l'imprégnation aurifère s'est produite à l'intérieur des strates, soit de schistes, soit de grès ou de quartzites, qui s'y prêtent plus ou moins facilement par leur structure, et dans les fentes ou cavités qui peuvent y exister. C'est à cela qu'il faut attribuer aussi la formation de veines ou de poches quartzeuses, lesquelles constituent très souvent les gites aurifères, quartz tantôt blanc, tantôt noir et caractéristique, d'une grande partie des gisements de De Kaap. La couleur noire de ce quartz peut être attribuée à des particules bitumineuses qui jouissent de la propriété de précipiter l'or ; on a constaté dans plusieurs gites aurifères du Transvaal la présence de ces particules charbonneuses.

Les fissures aurifères sont donc limitées dans le sens de leur alignement, elles doivent l'être également dans le sens de leur profondeur ; nous verrons cependant que, lorsqu'il y a une concentration véritable en un point, elle paraît se développer beaucoup plus en profondeur qu'en direction.

Pour décrire les mines que nous avons visitées dans ces districts, nous suivrons l'ordre de l'est à l'ouest, en commençant par la première bande de strates, qui va des Three Sisters à Sheba hill et à Moodie's et paraît continuer jusqu'à Carolina ; puis nous décrirons la seconde bande depuis Pigg's Peak au Swaziland jusqu'à Steynsdorp sur le Komati.

§ 1. — Barberton ou De Kaap.

En suivant les reefs de Barberton sur la carte, *fig.* 1, Pl. VI, on verra qu'ils forment cinq groupes distincts bien que paraissant se prolonger les uns les autres. Ces groupes sont les Three Sisters, Sheba hill, North Kaap, Barberton et Moodie's.

Les travaux entrepris aux Three Sisters (Adamanda, Weenen County, Edward's claims), bien qu'encore peu importants, ont paru mériter une certaine confiance. Cette région n'est qu'à quelques heures à cheval de la station de chemin de fer de Kaapmuiden. Au sud-ouest on rencontre deux autres bandes de reefs parallèles dirigés est-ouest, l'un au nord comprenant la série des reefs Imperial et Lily encore mal reconnus, l'autre au sud comprenant ceux de French Bob. Lily est un banc de quartzites et schistes, puissant de 6 à 8 mètres, mais pauvre; de même French Bob, où l'on espérait monter une batterie de 60 pilons.

Les autres zones aurifères de Barberton figurent une sorte de S dont la partie centrale est dirigée nord-sud, et les deux autres est-ouest; ces deux dernières sont prolongées au-delà de la partie centrale par deux autres zones aurifères : celle du nord s'appelle North Kaap et, en se recourbant vers le nord, va rejoindre une formation différente de celle de Barberton, à Barrett's Berlin; celle du sud va passer au sud de French Bob. Les choses se passent comme si la série d'alignements montagneux parallèles avait été recoupée par un nouveau plissement perpendiculaire, et c'est ce dernier mouvement qui forme Sheba hill, comme nous allons le voir.

1° Sheba hill. — Les montagnes désignées sous le nom de Sheba hill ont une allure tout à fait remarquable ; leur constitution est la même que dans tout le district de Barberton, et ces dernières sont riches aussi en nombreuses zones aurifères, mais l'allure qu'ont les formations sur la Sheba hill se prête beaucoup mieux à une grande extension de ces zones. En effet, vu d'un des sommets, l'ensemble montagneux dévoile les alignements

parallèles venant tous se recourber à l'entrée de la
grande plaine qui s'appelle la vallée de Kaap, et les
centres de cette série d'arcs de cercles sont tous très
voisins d'un même point tout autour de la mine célèbre
qui porte le nom de Sheba. Par suite, toute cette région
porte les traces de fractures et de dykes éruptifs bien
plus nombreux que le reste de la chaîne, et ces fractures
sont également convergentes : il faut certainement voir
dans ce phénomène une explication de la plus grande
richesse en or de Sheba hill, et l'étude séparée des reefs
la mettra encore plus en lumière. Mais, avant d'étudier
cette région si tourmentée, nous dirons quelques mots des
reefs situés dans la zone où les alignements montagneux
sont encore peu accidentés; le plus travaillé jusqu'à présent est celui de Royal Sheba qui n'est guère qu'à 2 milles
de la station de chemin de fer d'Avoca.

Royal Sheba se trouve près de l'extrémité est de la
chaîne de Sheba hill ; il y a là de puissantes assises de
quartzites, grès et schistes imprégnés de fer oxydé et de
pyrites et, tout le long de cette assise, une zone puissante
de 10 à 12 mètres renferme de l'or dans la proportion
moyenne assez régulière de 7 grammes à la tonne, et
sur une longueur de 450 mètres environ.

L'inclinaison moyenne de ce banc est de 60 à 70° vers
le sud, il est formé principalement de quartzites, mais
aussi de grès et schistes, et on peut le suivre, bien
qu'avec des épaisseurs et richesses variables non seulement jusqu'à la Sheba, mais encore au-delà de Barberton,
à Moodie's avec des caractères très semblables, et malgré
les dykes et les fractures.

Avant d'arriver à la Sheba, ce banc a été un peu travaillé à la *Great She*, mais sans grand succès. De part
et d'autre, on a mis à jour quelques autres bandes aurifères, mais beaucoup plus minces et paraissant sans
valeur.

La *Sheba* à laquelle nous arrivons est la mine la plus ancienne et la plus célèbre du Transvaal, et elle le mérite, puisqu'en neuf ans, depuis sa découverte en 1886 jusqu'au 1ᵉʳ janvier 1896, elle a produit 300.000 onces d'or pour 200.000 tonnes passées au broyage. Elle a rendu souvent 4 et 6 onces à la tonne.

La formation générale de la Sheba, composée de schistes ardoisiers, de grès et de quartzites, est dirigée est-ouest et plonge au sud, entre 50° et 62°. La série des assises est la suivante, en allant du nord au sud :

1° Blue bar : banc de couleur bleue formé de schistes talqueux avec une roche portant le nom local de *flint*, imprégné de pyrites et d'or libre, avec feldspath calcaire, chlorite et talc ; les feldspaths sont parfois colorés en vert ou vert foncé et forment avec le talc vert comme des aiguilles rayonnantes. La puissance varie de 0ᵐ,60 à 4ᵐ,50, quelquefois plus, car ces roches pénètrent dans le reef même, en y introduisant la chlorite et le talc.

2° Reef composé de quartzite avec des ramifications plus ou moins épaisses et parfois réunies en un tronc massif, de quartz noir veiné de quartz blanc. Le quartz noir tient seul de l'or libre : on peut suivre de chaque côté l'or libre le long des veines de quartz blanc absolument stériles ; ce quartz blanc tient cependant quelquefois un peu de pyrite. Les ramifications de quartz noir forment comme un dépôt d'origine secondaire dans le quartzite, le quartz blanc serait d'origine tertiaire. Certaines parties sont stériles, et il est difficile de les distinguer des parties riches, car alors le quartz noir devient stérile. De chaque côté des colonnes riches ou même des zones riches qui se réunissent parfois pour former un puissant massif aurifère, le banc de quartzites reprend l'allure générale des quartzites de la région, mais il y a comme une séparation assez nette par la présence de cassures parallèles suivant des plans de clivage, comme s'il y avait également une direction du reef à peu près perpendiculaire à la direction des quartzites. Ce reef atteint, en effet, 22 à 23 mètres de puissance.

3° Quartzites très foncés sur 6 mètres d'épaisseur.

4° Schistes ardoisiers de 12 mètres à 15 mètres de puissance.

5° Conglomérat, véritable *banket* (*) à gros et petits galets, puissant de 5 à 16 mètres. Ce banket correspondrait à ceux du Witwatersrand auxquels il est tout à fait analogue. Il tient quelques grammes d'or à la tonne.

6° Schistes ardoisiers de la formation générale.

Le reef de la Sheba est donc composé de ramifications de quartz noir dans un banc de quartzites. Il est souvent difficile de le distinguer du quartzite encaissant et même des assises du mur qui le pénètrent à plusieurs mètres de profondeur, comme nous l'avons dit plus haut. En outre, on trouve quelquefois des débris du toit dans la masse du reef.

Comme pénétration du mur, il y a notamment aux 3° et 4° niveaux, un avancement de la roche encaissante dans le reef, produisant un plissement des schistes argileux, plissement qui aurait dû se produire par conséquent avant le remplissage des vides par le quartz minéralisé. Ce mur, d'ailleurs, est tout entier plissé ; à tous les niveaux, on remarque le laminage et la courbure des schitstes, et les formes tourmentées de ces variétés de chlorito-schistes que les mineurs appellent ici flint et elvan. En outre et d'une manière générale, le reef paraît s'amincir en profondeur.

Ces faits et la présence des cassures que nous avons signalées plus haut tendraient bien à prouver que le reef est formé par l'ouverture de fentes et de vides lors du plissement qui s'est produit dans toutes les assises de

---

(*) C'est le nom local donné au conglomérat aurifère du Witwatersrand,

Sheba hill, plissement ayant produit une courbure vers le sud de toutes les couches dirigées est-ouest. L'origine minéralisée du remplissage serait due aux nombreux pointements de diorite de toute cette chaîne, au voisinage même des reefs, ayant produit en ces points comme une métamorphisation des schistes ; il faudrait peut-être attribuer à cette roche l'allure du flint de la Sheba.

Les imprégnations aurifères se sont faites par colonnes, dont une principale qui varie de 12 à 22 mètres de puissance. Cette colonne est celle qu'on exploite à la Sheba. Elle suit l'inclinaison des quartzites vers le nord, mais, en outre, elle a une inclinaison propre de 70° à 75° vers l'ouest. Nous verrons que cette inclinaison pourrait avoir un rapport avec celle des reefs de fractures que nous observerons à Thomas et à Joe's Luck, elle paraît être dans leur prolongement. La longueur de cette colonne varie de 80 à 120 mètres ; les essais continuels indiquent seuls où s'arrêtent les zones exploitables. Ces zones riches, une fois abattues, forment d'immenses vides dont le plus considérable dépasse 25.000 mètres cubes. Partout on trouve l'or à l'état libre, nous l'avons vu aux derniers niveaux, à 250 et 300 mètres au-dessous de l'affleurement.

Les autres colonnes riches : Edwin Bray, Oriental, Annie's Fortune, Nil Desperandum, sont beaucoup moins puissantes et moins riches. La direction de la colonne de la Sheba fait penser qu'elle peut rejeter toutes les précédentes en profondeur. Les recherches faites dans ce sens aux derniers niveaux permettront de les reconnaître et d'apprécier leur valeur. Annie's Fortune est en dehors de l'alignement est-ouest des trois premières mines, mais au nord sur le même ravin qu'Edwin Bray.

Le total des vides creusés dans les reefs de la Sheba dépasse une longueur de 6 kilomètres, dont 1.100 mètres en tranchées à ciel ouvert et 1.500 mètres de puits. Le grand travers-bancs du 9° niveau, par où le minerai est conduit à la batterie, a 600 mètres de longueur.

Les minerais donnent, en outre de l'or libre, une proportion de 4 à 5 p. 100 de tailings pyriteux, tenant 7 à 8 onces d'or à la tonne. Les installations métallurgiques, batterie, cyanuration, moteurs électriques et hydrauliques, câbles de transmission, câbles porteurs, railway de 10 kilomètres de la mine à la station d'Avoca, sont très intéressantes, mais ce n'est pas le lieu d'en parler ici.

Comme on le conçoit d'après ce qui précède, toute la région qui environne la Sheba est sillonnée de reefs aurifères, particulièrement un ravin qui descend vers le nord-est et a reçu le nom de Golden valley. D'abord, le prolongement des bancs qui renferme les riches colonnes va en diminuant de puissance et forme des ramifications sur *Sheba matchless*, *King-Salomon*, *Last-Hope*, *Golden vein*, etc., toujours avec les mêmes caractères de quartz noir à veines blanches, etc. Il y a là comme un éparpillement en éventail des riches veines concentrées à la Sheba. Certains échantillons donnent 44 onces à la tonne. Les grès et quartzites à ramifications de quartz noir ont de 5 centimètres à 2 mètres de puissance ; en certain point, le reef, de 4 à 5 mètres de puissance, est un mélange gréseux et schisteux très imprégné de fer oxydé. On ne peut plus compter sur aucune régularité.

Pour donner une idée des reefs environnants, différents de celui de la Sheba, nous décrirons les principaux que nous avons vus, en allant à travers-bancs, du nord au sud.

Le plus au nord est celui de *Woodstock* près de la rivière de Kaap ou Queen's river. L'or se trouve dans des veines et veinules de quartz blanc intercalées dans des bancs de stéaschistes de 7 à 8 mètres de puissance ; en outre, ces schistes sont pyriteux et la pyrite est aurifère ; dans le quartz, l'or est surtout en placages, on trouve de beaux échantillons. Il y a, en moyenne, 5 à 6 grammes d'or libre par tonne, et les concentrés, 4 à 5 p. 100 du minerai, tiennent un peu moins, soit un rendement total de 8 à 9 grammes. Ce reef, dirigé est-ouest et assez voisin de la verticale, plonge au sud, et a été reconnu par puits et galeries sur 800 mètres de longueur et 80 mètres de profondeur environ. Sur une partie de son parcours il est au contact d'une roche dioritique très foncée, véritable dyke dirigé vers le nord-ouest et paraissant s'épanouir vers la rivière de Kaap.

Ce même dyke va recouper au sud le reef de *Clutha* situé près du sommet des montagnes qui bordent la rivière ; l'allure est la même qu'à Woodstock : à cause des fortes pentes on a pu explorer le reef jusqu'à plus de 100 mètres au-dessous des affleurements, mais les rendements étaient faibles. Cette couche de Clutha paraît s'étendre très loin.

Au sud-est nous rencontrons plusieurs reefs présentant des particularités remarquables, confirmant les caractères que nous avons déjà décrits. Ce sont ceux de *Thomas*, *Joe's Luck*, etc. Bien que n'ayant pas tous les caractères des filons de fractures, ils se dirigent du nord au sud à travers les assises sédimentaires, il n'y a cependant pas d'épontes nettes, et les deux parois encaissantes, en les suivant dans la roche, continuent à se briser suivant des plans parallèles au reef et presque perpendiculaires à la stratification. Ce sont des plans de clivage, et les reefs suivent ces plans de clivage. Il y a comme imprégnation minérale dans les assises, non pas en suivant leur stratification, comme c'est le cas général à Barberton, mais à travers ces assises en suivant les clivages. En outre, il existe bien des fractures, mais celles-ci ne sont pas occupées par des reefs, ce sont des dykes dioritiques qui les remplissent, et la venue aurifère paraît provenir de ces fractures pour imprégner ensuite les roches sédimentaires, comme nous venons de le dire. Ainsi que nous l'avons vu à la Sheba même, les clivages parallèles existent de chaque côté des zones aurifères et semblent les limiter. L'inclinaison des colonnes riches correspond absolument à celle de ces clivages et à celle des fractures remplies par les dykes ; les brisements ont pu se produire plus facilement le long de ces plans, de même que par le décollement des strates.

La colonne riche de *Joe's Luck* est une partie de ce reef qui traverse toutes les assises de grès et de quartzites, en allant de part en part dans la montagne dominant de 450 mètres le Queen's river ; cette colonne n'a guère que 25 à 30 mètres de longueur sur 2 ou 3 mètres de puissance : elle a été exploitée jusqu'à présent sur 80 mètres de profondeur avec une teneur assez régulière dépassant 15 grammes et allant parfois à près d'une once. Cette colonne plonge d'abord à 70° vers le sud, puis revient vers le nord dans le reef lui-même qui est à peu près vertical, incliné de 80° à 90° vers l'est, inclinaison correspondant bien à celle de la Sheba. La gangue est de quartz gris translucide et noir, avec un peu de matière verte chloritique, l'or est dans les deux variétés de quartz ; le quartz clair est nacré et à grains très fins ; il y a, en outre, des veines de quartz blanc secondaires. L'or est à l'état libre ; il existe de la pyrite assez abondante, mais presque stérile. Parfois, aux deux épontes, au milieu et par endroits, apparaissent des bandes argileuses provenant comme d'un frottement des parois, mais il n'y a pas de métamorphisme des assises, qui semblent bien se correspondre de chaque côté. La formation est plissée et plus irrégulière en profondeur : on y remarque la présence de la diorite et de la dolérite.

La colonne riche de *Thomas* a les mêmes caractères : située à 250 mètres à l'ouest de la précédente, elle n'a que 15 à 20 mètres de longueur ; mais sa puissance atteint 4 mètres, depuis 0^m,60. Elle incline aussi au sud, puis au nord. Elle a été exploitée jusqu'à 40 mètres et reconnue jusqu'à 60 mètres de profondeur. Sa teneur est, semble-t-il, la même, et les quartz se confondent avec ceux de Joe's Luck et de la Sheba.

Enfin, à *Victory hill*, dans la même *barre* de quartzites que les deux reefs précédents, existent des quartz absolument semblables dirigés nord-ouest—sud-est, inclinés 70° au nord-est à travers la formation; il y a également des imprégnations aurifères le long des assises, mais irrégulières; la montagne est coupée de ravins marquant les places des fractures; certains points avaient donné de grandes espérances. Il y a là une courbure des assises dont le centre est dirigé vers la Sheba, comme les précédents reefs. Les reefs s'appellent *Eureka*, *Victory*, *Equefa*, *Whell of Fortune*, etc. Avant d'être réunis pour favoriser leur exploitation, ils ont eu séparément des résultats variant de quelques grammes à plusieurs onces à la tonne. En bas de la montagne, au sud de la rivière, affleurent de gros dykes de diorite.

Avant de passer au sud de la Sheba, il y a encore quelques reefs intéressants à noter, situés à l'est, ceux de *Kimberley Sheba*, qui ont donné à l'origine 140 onces pour 23 tonnes broyées, résultat qui n'a pu être retrouvé, même de loin. Les assises de cette région ont encore une direction est-ouest et les deux reefs reconnus suivent la même direction : ils n'ont que $0^m,30$ à $0^m,60$ de puissance. Ce ne sont, comme au *King Salomon*, que des ramifications plus ou moins convergentes vers les bancs minéralisés de la Sheba.

Au sud des assises de la Sheba, viennent celles qui forment l'autre côté de la *Sheba creek* et où se trouvent les reefs de *Zwartkopjes*. Le premier découvert (en 1895 seulement) est à 450 mètres à l'ouest de la Sheba dans des assises distantes de 200 mètres de celles où se trouve la Sheba.

En allant de la Sheba à Zwartkopjes on traverse les

assises suivantes : 1° schistes et conglomérats ; 2° grès ; 3° Zwartkopjes reef formé de quartz blanc aurifère et d'un peu de quartz noir, puissant de 1^m,20 à 1^m,80 ; banc de quartzites ; 5° ardoises et grès. Le reef de Zwartkopjes n'est guère reconnu encore que sur 15 à 20 mètres de hauteur. L'or est en placages et nuggets dans le quartz blanc, et la zone rencontrée est si riche que deux broyages successifs sur 40 et sur 80 tonnes, soit en tout 120 tonnes, ont rendu 2.550 onces, soit plus de 21 onces à la tonne. Cette richesse exceptionnelle se trouve dans le prolongement d'une des cassures du nord de la Sheba, et elle est elle-même près d'un ravin. Un dyke de diorite dirigé nord-sud est au voisinage du reef.

A 800 mètres à l'ouest de ce reef et dans la même formation dirigée est-ouest, on a récemment découvert une nouvelle poche où les échantillons ont donné 40 onces à la tonne. C'est *Zwartkopjes West*. Il est possible qu'on en découvre d'autres : tous ces voisinages immédiats des colonnes riches de la Sheba doivent posséder des éparpillements de la grande concentration d'or qui s'y est produite, et, de fait, il y a comme un cercle de poches riches tout autour, aux quatre points cardinaux de cette mine. Nous avons eu l'occasion de visiter un assez grand nombre de fouilles dans cette région, et dans toutes on trouve de l'or, mais les travaux sont généralement trop insignifiants pour qu'on en puisse rien augurer. La Sheba est comme un centre d'étoilement de toute la formation qui se recourbe au sud de Victory hill.

Il y a cependant plus au sud une exploitation qui a donné quelques bons résultats : c'est l'Elephants Kloof. Il y a là deux zones riches dans un banc de quartzite qui traverse tout un alignement montagneux ; les zones riches ou reefs sont au sommet des quartzites et leur sont parallèles en direction : en inclinaison elles les recoupent en passant à travers des schistes et des grès. C'est encore

2

une direction de clivage comme on en retrouve partout dans toutes ces roches. Un de ces reefs est d'ailleurs irrégulier et se relève pour replonger ensuite : on remarque aux affleurements de la diorite en boulders. L'épaisseur imprégnée est de 0ᵐ,80 à 1 mètre, la longueur est de 150 mètres environ pour l'un, de 50 pour l'autre; la profondeur reconnue est de 25 à 30 mètres. Le rendement, en triant le minerai, à vrai dire, a été de 4.360 onces pour 5.000 tonnes; en moyenne, il paraît varier entre 10 et 15 grammes.

2° North Kaap. — Les formations situées au nord de la rivière de Kaap ou Queen's river ne subissent pas l'inflexion vers le sud produite à Sheba hill; elles forment, au contraire, une suite de montagnes qui continuent à se diriger vers l'est en se recourbant cependant, mais insensiblement, vers le nord-ouest. Presque perpendiculairement à ces montagnes, on observe une série de promontoires montagneux qui partent de la chaîne pour aller mourir vers le centre du vaste cirque qui forme la vallée de De Kaap. Ces nouveaux alignements sont presque uniquement formés de diorites : une de ces diorites, près de l'auberge de North Kaap, a des caractères assez spéciaux, les éléments y sont de très grandes dimensions ; elle perce à travers le granite qui forme le centre de la vallée de De Kaap et le versant nord des monts de North Kaap.

Cette région étant beaucoup moins intéressante que la précédente, nous la parcourrons rapidement.

A *Consort*, presque en face de Woodstock, il y a deux reefs de pyrite arsénicale aurifère séparés par un banc de quartzite. Dans le premier, incliné à 50° au sud, dirigé est-ouest et suivant la formation, une colonne riche a été reconnue avec des parties irrégulières sur 240 mètres de hauteur ; cette colonne est inclinée vers l'ouest à 75°

environ ; le minerai est un quartz gris intercalé dans les schistes et imprégné de pyrite arsénicale et de mispickel, avec un peu de galène et de blende, et parfois de riches nuggets d'or. Le toit est de quartzite et de schite, le mur est de quartzite ; la puissance du reef est de 1^m,20 en moyenne : la pyrite est généralement très fine ; les concentrés sont souvent très riches. Le second reef n'est encore reconnu que par un puits incliné de 50 mètres suivant le pendage du reef, 40° vers le sud ; il a 1^m,50 de puissance et les mêmes caractères que le précédent. Sa situation au pied de la montagne ne permet de l'exploiter que par puits. Le rendement moyen a dépassé longtemps 16 grammes au moulin seulement. Cette mine a produit près de 600 onces d'or.

Le reef d'*Albion* dans les schistes talqueux est également formé d'intercalations de quartz blanc pyriteux dans les schistes, sur une épaisseur de 1^m,50 à 2 mètres ; on en a tiré environ 2.000 onces d'or.

Plus au nord-ouest, à *North Sheba*, un reef de quartz extrêmement pyriteux est intercalé dans les schistes ; il est très redressé ; sa puissance atteint 2^m,50, et il est reconnu sur près de 100 mètres de hauteur verticale. Les concentrés sont riches, mais d'un traitement difficile. En cette région, la zone schisteuse et gréseuse n'a pas plus de 1 à 2 kilomètres de largeur entre les granites qui la limitent de chaque côté. Ces schistes renferment d'autres intercalations de quartz plus ou moins aurifères, comme à *Madeline* ; c'est un quartz bleu dans les schistes chloriteux eux-mêmes veinés de quartz, et tenant aussi un peu d'or au contact du reef. Le reef varie de 0^m,50 à 1^m,20, il se coince à ses extrémités ; ce ne sont que des remplissages par décollement des strates ; la teneur de tous ces reefs est faible, quelques poches seulement sont un peu plus riches, mais on peut trouver de l'or dans toute la chaîne, depuis Consort, et même depuis la station d'Avoca, jusqu'à l'extrémité de la formation des schistes et grès, au nord-ouest de Madeline, à la montagne du Kantoor.

Au Kantoor, c'est une autre formation qui vient se superposer à celle que nous avons décrite, et qui est la plus ancienne du Transvaal, les couches dites de Swaziland ou de De Kaap. La nouvelle formation qui la surmonte est composée d'abord des *grès et conglomérats*, dits de Table Mountain et du Witwatersrand, rencontrés déjà au sommet des montagnes de la Sheba, où ils sont aussi légèrement aurifères, puis la *formation dolomitique* de Lydenburg.

Au Kantoor, un lit de conglomérat ou *banket* a rendu 6 à 7 grammes par tonne (*Coetzestroem*); ces dépôts sont associés à des grès, schistes et quartzites, du même horizon que ceux du Witwatersrand. Ils sont très voisins de la surface et tiennent de l'or très fin. Mais on a surtout exploité des dépôts de *gravier* à or fin, tenant quelques nuggets, à *Barett's Berlin :* on a trouvé un nugget de 60 onces à Barrett's, un de 100 onces à Waterval, etc. Il y a aussi des alluvions récentes à Barrett's et à Kantoor où l'on trouve des débris de trapps, sables, argile, fer, etc., reposant sur des quartzites. L'or est à l'état grossier en nuggets, portant des traces de cristallisation. On remarque de nombreux dykes de diorite, quelques-uns sont aurifères. Cette région a produit (1er janvier 1896) près de 30.000 onces d'or, provenant surtout des *gravels* et alluvions. De nombreuses recherches ont été faites de tous côtés, et récemment dans la série dolomitique correspondant à celle de Lydenburg; en nombre de points on a trouvé de l'or, mais jamais de manière à entreprendre des travaux importants; il semble que les enrichissements locaux et très limités, qu'on trouve assez souvent, proviennent d'une sorte de concentration superficielle, peut-être due aux érosions. Les couches au Kantoor sont généralement peu inclinées, et présenteraient certaines facilités d'exploitation, comme à Lydenburg.

3° **Barberton.** — A l'est et au sud-est de la petite ville de Barberton, il existe toute une série de reefs dans les assises de schistes et de grès. La direction générale des couches est à peu près est-ouest, il y a cependant plusieurs alignements dirigés nord-sud du côté de la Sheba, et renfermant aussi quelques reefs, c'est-à-dire quelques intercalations de quartz aurifère, mais il n'y a pas là toute une série de reefs et de fractures, comme à la Sheba ; les collines qui viennent rencontrer les alignements est-ouest sont de bien moindre importance que ces alignements montagneux ; ceux-ci, comme le Saddleback hill, dépassent 1.400 mètres, soit 600 mètres plus haut que Barberton. La Sheba hill a 1.200 mètres d'altitude.

Derrière Barberton les reefs présentent des caractères très semblables, nous en avons vu plusieurs ; et un fait qui est frappant, c'est de retrouver là un quartz noir absolument identique à celui de la Sheba, mais il est loin d'atteindre le même développement : il n'y a plus que des veines de quelques centimètres dans les schistes ou parfois des ramifications dans les quartzites. Certaines parties ont une teneur élevée.

A *Oratava*, on a extrait environ 1.500 onces d'or. A *Golden Crescent*, le quartz noir aurifère atteint 4 mètres de puissance, mais va en s'évanouissant en profondeur et en direction ; à son maximum de puissance il est séparé en deux parties par une intercalation des grès de l'encaissement. C'est comme une double ouverture des couches schisteuses et gréseuses.

A la *City of Grahamstown*, le quartz noir forme des ramifications qui s'évanouissent dans le quartzite ; il a dû cependant former un noyau assez puissant dans la zone exploitée, car celle-ci, à flanc d'une montagne très escarpée, est remplacée par une excavation verticale haute de 60 mètres, profonde de 40 à 50, large de 1 mètre à $1^m,50$. On a tiré de là 2.500 tonnes environ, qui ont rendu 3.000 onces. Les quartzites sont aussi légèrement aurifères au contact du reef. Malheureusement on ne peut compter sur aucune continuité avec de tels reefs.

4° **Moodie's.** — En allant de Barberton aux montagnes de Moodie's on traverse encore de nombreuses fouilles où l'on a recueilli soit du quartz blanc, soit du quartz noir, toujours plus ou moins aurifère. Cette zone de Moodie's forme une longue bande assez semblable à celle de North Kaap, large de 2 à 3 kilomètres à peine, intercalée comme elle de chaque côté dans le granite, d'inclinaison très redressée, et divisée en plusieurs zones aurifères très minces, ne dépassant pas 20 à 30 mètres ; et encore dans ces zones si minces ne trouve-t-on souvent que des veinules de quartz aurifère de quelques centimètres.

En partant de Barberton et s'éloignant vers l'ouest, on suit ainsi une série de reefs : nous avons visité les suivants, qui sont les plus intéressants :

Abbott's est un reef de quartz blanc intercalé dans des schistes ardoisiers très compacts. Le minerai est un peu arsénical et, par suite, d'un traitement difficile : il a rendu 15 à 16 grammes aux moulins.

Great De Kaap (ne pas confondre avec l'ancienne *Agnès* qui est sur la rive gauche du même ravin, mais plus en amont) est intéressant. C'est un puissant banc de quartzite situé au-dessous des schistes de Moodie's et plongeant en sens contraire, c'est-à-dire au sud; il est très redressé. Il correspondrait au banc de quartzite de la Sheba et de Royal Sheba, s'il est permis d'assimiler absolument les formations de Sheba et de Moodie's. De la sorte, les formations de Moodie's formeraient une sorte de toit aux pentes inclinées de chaque côté vers le granite. Ce banc de quartzite est imprégné d'or sur 45 à 50 mètres d'épaisseur; une coupure qu'on a faite tout le long de la falaise et une galerie de 12 mètres dans le rocher ont donné une moyenne de 6 à 7 grammes par tonne; mais plus bas dans le ravin, la teneur parait être inférieure. L'ancienne mine *Agnès* n'a que des filets de quartz dans les schistes.

Arrivant aux crêtes des montagnes de Moodie's, formant des alignements parallèles est-ouest séparés par des ravins, il faut y distinguer deux zones de schistes où l'on a découvert de l'or, l'une au nord, renfermant les reefs *Pioneer*, l'autre au sud renfermant les reefs *Ivy* ; elles ont, l'une 100 mètres environ, l'autre 30 à 50 mètres de puissance, et sont distantes de 1.500 à 2.000 mètres séparées par des assises schisteuses.

Ces zones ne sont d'ailleurs très tranchées qu'au Pioneer et à Ivy-Woodbine. Plus à l'ouest il y a plus d'incertitude et elles semblent se rapprocher vers Montrose et Weltevreden.

Les reefs de *Pioneer* sont dans les schistes chloriteux verts à feldspath, spath calcaire et quartz. Leur couleur verte très accentuée rend ces schistes bien visibles de loin. Le reef forme une à cinq bandes de quartz très blanc, parallèles aux schistes et comprises dans 1 mètre à 1^{m},50 de largeur. A 160 mètres au-dessous de l'affleurement, dernier niveau atteint par un travers-bancs de 245 mètres (en avril 1896), ce quartz traverse les schistes, mais à un angle très obtus, 8° à 10° seulement, comme si le décollement des feuillets schisteux avait rencontré des difficultés et produit un léger brisement. Le quartz est très blanc, opaque, granulé, mais non saccharoïde, il tient de l'or libre, parfois en beaux nuggets, de la pyrite tantôt fine et tantôt grossière, un peu de tellure. L'épaisseur varie de quelques centimètres à 1^{m},20.

On a découvert, sur une longueur de 200 mètres, quatre colonnes riches presque verticales ; la plus longue a 50 à 60 mètres. Mais on peut suivre les prolongements de ce reef sur 1.900 mètres de longueur, et on y a trouvé d'autres colonnes riches à *Whitehead* et à *Tigertrap*, reprises maintenant par la même compagnie avec *Pioneer* ; on a creusé près de 5 kilomètres de galeries dans ces trois mines. Les affleurement sont été enlevés sur 12 à 15 mètres de profondeur et sur des longueurs qui atteignent au total plus de 600 mètres ; ces excavations, larges de 1 mètre à 1^m,50, forment à flanc de coteaux de grandes coupures marquant nettement et de loin la présence des reefs. Mais ce ne sont partout que des intercalations de quartz.

Les affleurements ont été très riches, ils ont toujours dépassé 2 onces à la tonne et beaucoup d'échantillons étaient remarquablement beaux : actuellement on ne dépasse guère une demi-once, sans le traitement des tailings, mais avec un triage obligatoire, puisqu'on est limité à n'enlever que le quartz ; les schistes sont parfois un peu aurifères, mais seulement au contact du reef.

Dans la même zone de schistes et de l'autre côté du ravin, au sud, on trouve un reef nommé *Union* formé de veinules de quartz dans les schistes allant de 0^m,30 à 5 mètres de puissance. Dans son prolongement on a trouvé des veines de quartz noir absolument semblable au quartz noir de la Sheba et aurifère mais ce reef nouveau est encore mal étudié. On trouve d'ailleurs ce quartz noir dans plusieurs autres fouilles sur les montagnes de Moodie's.

De cette zone aurifère, Pioneer, Union, etc., on a tiré plus de 40.000 onces d'or (janvier 1896).

Dans la seconde bande aurifère de Moodie's, trois mines se suivent sans interruption : ce sont Woodbine, Agnès Block et Ivy. Il existe d'autres fouilles de chaque côté au-delà, mais elles n'ont pas d'importance pour le moment.

A *Woodbine*, la formation est de schistes inclinés à 86° vers le sud. Notons, en passant, qu'ils sont surmontés de conglomérats dont on remarque les affleurements sur les sommets de la montagne. Le reef est une veine de quartz blanc et noirâtre, l'or existe dans les deux variétés, davantage cependant dans le quartz noir. Sur une largeur de 50 à 60 mètres, il y a trois bandes minéralisées, le reef de Woodbine est dans celle du nord. Celui d'Agnès que nous verrons ensuite, est dans celle du milieu, et celui d'Ivy dans celle du sud: ils sont dirigés est-ouest.

La richesse du reef est répartie par colonnes. On exploite à Woodbine deux colonnes parallèles, toutes deux inclinées à 70° à l'est, en outre de l'inclinaison propre du reef, 86°. La puissance exploitée est de $1^m,20$ à $2^m,70$. Les longueurs respectives des colonnes sont de 21 à 26 mètres; leurs profondeurs actuelles sont de 90 à 120 mètres depuis l'affleurement, mais elles continuent au-delà du dernier niveau actuel. Une galerie de recherche en direction a rencontré d'autres colonnes paraissant dignes d'attention; ces recherches se font par travers-bancs à droite et à gauche de la galerie en direction, car la bande riche qui est si mince change parfois de plan, mais sans dépasser une dizaine de mètres. Les rejets sont nombreux, mais sans importance.

Dans les ravins affleurent d'énormes dykes de diorite nettement caractérisée.

On a obtenu déjà environ 7.500 onces, à la moyenne de 24 grammes par tonne environ dans les colonnes riches; ces colonnes sont particulières, à cause de leur faible durée de longueur comparée à leur continuité relative en profondeur. C'est un cas très semblable à celui de la Sheba, avec de bien moindres proportions : nous l'avons noté au Pioneer et le retrouverons à Ivy; cela est donc un caractère assez général dans les bonnes zones du district de De Kaap.

Les formations sont plus brouillées à *Agnès Block* : ce sont des veines de quartz blanc, 3 ou 5 en moyenne sur 8 à

15 mètres d'épaisseur de schistes très redressés. C'est un véritable éparpillement de veines aurifères, et l'ensemble donne une teneur moyenne très pauvre, alors que de chaque côté, à Woodbine et à Ivy, il y a plutôt une concentration des veines. Les schistes aussi tiennent de l'or, et on trouve des poches très ferrugineuses qui sont plus riches, mais très limitées. En outre, il y a des rejets et des courbures des assises qui ajoutent de nouvelles difficultés. On a exploité à ciel ouvert sur 250 à 300 mètres de longueur ; en profondeur les travaux deviennent trop coûteux. Les concentrés se traitent par la cyanuration, qui réussit assez bien.

Ce sont toujours les mêmes schistes à *Ivy*, mais la formation redevient plus compacte, et la bande aurifère très étroite. Il y a également plusieurs colonnes riches, qui atteignent près d'un mètre de puissance, mais le plus souvent il n'y a qu'un filet de quartz de 1 à 2 centimètres contenant de l'or visible en abondance. Dans la mine même on peut suivre l'or visible à la lampe tout le long du toit dans les galeries en direction. Les deux colonnes riches sont presque verticales dans le reef, et elles rendent près d'une once à la tonne pour des abatages de $0^m,60$ à 1 mètre d'épaisseur. Ces colonnes riches ont, l'une 27 à 30 mètres, l'autre 70 mètres, et arrive à 200 mètres de longueur ; elle est irrégulière ; leur profondeur verticale actuellement reconnue est de 150 mètres environ ; mais, comme elles sont inclinées dans la direction du reef vertical, à un angle variant entre 33° et 45°, la profondeur en inclinaison reconnue est de 280 à 300 mètres ; cinq niveaux d'exploitation ont été ouverts dans ces colonnes, les deux niveaux supérieurs sont entièrement abattus, et les autres plus ou moins partiellement. Il est possible qu'on découvre de nouvelles poches riches, bien que les travaux de développement n'aient encore rien rencontré.

Cette zone, de Woodbine à Ivy, a produit plus de

35.000 onces d'or. Avec Pioneer, c'est ce qu'on a trouvé de plus riche sur les montagnes de Moodie's.

Au *Mount Morgan*, dans une bande aurifère atteignant $2^m,70$, on a extrait un minerai très pyriteux et arsénical, par suite d'un traitement difficile, qui a rendu cependant, pendant quelque temps, plus de 20 grammes au moulin.

Au *Montrose*, on a creusé environ 1.400 mètres de galeries et 300 mètres de puits dans deux reefs de $0^m,60$ à 1 mètre, reconnus jusqu'à 120 mètres de profondeur. Comme pour le précédent, la pyrite est réfractaire, et les rendements sont tombés d'une once à 5 ou 6 grammes. On a tiré de cette mine près de 10.000 onces d'or.

Enfin, tout à fait à l'extrémité ouest de Moodie's, à *Weltevreden*, on a trouvé encore du quartz aurifère dans les schistes.

Au total, les montagnes de Moodie's ont produit plus de 100.000 onces, soit 3.000 kilogrammes d'or.

Il est impossible de quitter Moodie's sans dire un mot de la compagnie dite *Moodie's Company*, qui est propriétaire de toutes les mines ; sa propriété comprend 13 fermes, soit 32.000 hectares ; elle la fait exploiter par 9 compagnies (une seule jusqu'ici, Ivy, a donné des dividendes) et plus de 30 *tributeurs*. Elle leur fournit, sur leur demande, une force motrice électrique par son usine centrale située sur la Queen's river, et ses câbles de transmission dont la longueur totale dépasse 40 kilomètres. On lui reproche de faire payer trop cher ses licences (le quadruple de celles que demande le gouvernement boer). Pour des exploitations en voie d'installation, c'est une erreur que d'exiger trop de dépenses ; il vaudrait mieux leur demander davantage lorsqu'elles sont en pleine marche et font des bénéfices.

Le total de la production en or des champs d'or de De Kaap, au 1er janvier 1896, était de 499.303 onces.

§ 2. — CAROLINA.

Nous n'avons fait qu'une course très rapide dans cette région et ne pourrons entrer dans beaucoup de détails. C'est la continuation vers l'ouest des montagnes de Moodie's. de part et d'autre de la rivière le Komati en se dirigeant vers la petite ville de Carolina. La région dont nous voulons parler est à peu près à égale distance de Barberton et de Carolina, sur le Komati river et son affluent le Buffelspruit.

Sur les fermes *Johannes Rust* et *Gevonden*, on voit un reef presque vertical et dirigé du nord-ouest au sud-est, d'épaisseur variant de $0^m,10$ à $0^m,90$, et dont on peut suivre les traces sur plusieurs kilomètres. Ce sont, comme à Moodie's, des intercalations dans les schistes. Sur la ferme *Stolzberg* existent des reefs semblables et de mêmes caractères, épais de $0^m,15$ à $0^m,30$. Sur la ferme *Avontuur*, on compte plusieurs reefs de même nature, et l'on trouve de magnifiques échantillons d'or libre. Malheureusement, les travaux faits sur toutes ces propriétés sont encore trop insignifiants pour qu'on en puisse rien préjuger. Tout ce qu'on peut dire, c'est que les puissances des reefs sont très restreintes, et que la richesse paraît loin d'être répartie d'une manière continue.

Ce district de Carolina n'a guère produit encore qu'une centaine d'onces d'or.

§ 3. — STEYNSDORP ET LE SWAZILAND.

Les formations de Steynsdorp sont tout à fait semblables à celles de De Kaap. Les reefs sont de quartz blanc intercalé dans les schistes et stéaschistes (couches du Swaziland), mais ils paraissent manquer de continuité et d'étendue plus encore qu'à Moodie's.

En allant de Barberton à Steynsdorp, on traverse une ferme nommée aussi *Avontuur*, où l'on a trouvé plusieurs reefs aurifères qui ont donné de grandes espérances.

A Steynsdorp, le reef nommé *Unity* ne dépasse pas $0^m,40$ et $0^m,50$ et, le plus souvent, il n'a que quelques centimètres : la teneur est très variable, on a trouvé de beaux spécimens. Il a été reconnu sur près de 200 mètres de longueur et 60 de profondeur. Il est oblique par rapport aux assises de schistes, comme celui de Pioneer à Moodie's. Le quartz est très blanc et vitreux.

Le reef *Comstock*, qui paraît être prolongé à *Nonpareil*, arrive à $1^m,60$ de puissance, il est formé de quartz blanc et gris suivant parallèlement la formation schisteuse ; il est très redressé, 70° à 80°, et devient tout à fait pyriteux à faible profondeur ; on l'a reconnu aussi à 60 mètres de profondeur. Les concentrés paraissent devoir être plus riches que le minerai à or libre. 120 tonnes ont rendu 59 onces d'or libre, et les concentrés à l'essai tiennent près d'une once.

Le *Gipsy Queen* a semblé aussi, à l'origine, devoir arriver à de bons résultats : la zone aurifère était assez large. Il y avait de beaux échantillons.

Une des raisons qui ont fait croire à la possibilité de travailler avec profit à Steynsdorp, c'est la proximité et l'abondance de l'eau.

Forbes reef et *Pigg's Peak* sont de l'autre côté de la frontière du Swaziland. Le *Forbes reef* avait produit plus de 36.000 onces au 1er janvier 1896. C'est un très puissant dépôt argileux à veines de quartz. On l'exploite à ciel ouvert : la teneur est de 3 à 4 grammes.

Le reef de *Pigg's Peak* est un large banc de quartzite et grès dans lequel on exploite deux colonnes riches ; la puissance est irrégulière, elle atteint 10 mètres. Mais beaucoup d'autres veines ont été explorées avec de brefs succès. En 1890, dans ces poches riches, on a broyé 60 tonnes ayant rendu près de 3.000 onces; mais ce sont des exceptions trop rares, le rendement moyen ne dépasse guère 12 à 15 grammes.

Enfin, au *Mac Lachlan's* reef, au nord-est de Pigg's Peak, on trouve un large banc de schistes veinés de quartz, de 3 mètres d'épaisseur.

CHAPITRE II.

Lydenburg. — Pilgrim's Rest.
(Pl. VII.)

Bien que les champs aurifères de De Kaap fassent partie du district de Lydenburg, nous les avons décrits séparément, car les formations de ces deux régions sont absolument différentes, l'or y apparaît dans d'autres strates, et sous une allure tout à fait distincte.

Les champs d'or de Lydenburg sont les plus anciennement connus du Transvaal (*), ce sont eux qui ont les premiers attiré l'attention sur ce pays par la présence de l'or en quantité exploitable; les quelques fouilles que l'on avait faites auparavant, à Marabastad et à Ersteling, étaient sans avenir. Mais il s'agissait surtout alors d'alluvions; depuis lors, on a découvert les reefs d'où paraissent provenir ces alluvions; de même, il est intéressant de décrire d'abord les alluvions et de dire en quelques mots leur histoire, puis de tracer la géologie générale de la région, avant d'arriver à la description des reefs.

(*) Carl Mauch avait découvert auparavant (1866-1867) les champs d'or du Tati et du Mashonaland.

1° Les alluvions. — Dès 1868, Carl Mauch avait signalé la présence de champs d'or de ce côté du Transvaal, mais à 70 milles au nord-nord-est de la petite ville de Lydenburg fondée en 1849, ce qui correspond plutôt au *Murchison Range*. En décembre 1871 furent découverts les alluvions et les reefs de Marabastad et Ersteling, à 100 milles au nord-ouest de Lydenburg, mais aucune de ces deux découvertes ne fut suivie d'un développement immédiat, et, à l'heure actuelle encore, ils sont de loin dépassés par ceux de Lydenburg. A la fin de 1872, vinrent les premiers pionniers de Lydenburg, et, dès février 1873, ils envoyaient les premiers nuggets d'or au Landdrost de Lydenburg, puis à Prétoria. La ville de Lydenburg est à 1.700 mètres d'altitude, sur le bord est du grand plateau central de l'Afrique du Sud, là où commencent les vallées qui se dirigent vers l'Océan Indien, et qui sont les plus pittoresques du Transvaal : les trois principaux champs d'alluvions, Pilgrim's Rest, Mac Mac et Spitzkop, sont situés dans de très beaux paysages, arrosés par des rivières et des cascades (*). La situation de ces alluvions, précisément au pied des premières pentes du grand plateau central, les rendait éminemment propres à être les lieux de concentration de l'or provenant de toute une vaste région. Il serait intéressant de rechercher pourquoi c'est la vallée de la Blyde, plutôt que celle d'Origstadt, située à l'ouest, qui a rassemblé le plus d'alluvions aurifères, et cette question peut être résolue par l'étude des terrains que traversent ces rivières ; ceux de la Blyde paraissent plus décomposables, et cette vallée serait antérieure à l'autre. Quoi qu'il en

---

(*) Plusieurs de ces cascades sortent de cavernes creusées dans le rocher. L'une de ces cavernes, vide aujourd'hui, est longue de plusieurs kilomètres. Les noirs y cherchaient autrefois un refuge avec leur bétail pendant les guerres entre tribus. C'était évidemment le lit abandonné d'une ancienne rivière, passant au travers des rochers.

soit, cette position des champs d'alluvions est un fait que l'on ne devra pas perdre de vue pour l'étude de l'origine de l'or qu'ils renferment, car il se présente des difficultés, comme nous aurons occasion de le voir. Pilgrim's Rest est à plus de 1.500 mètres, Mac Mac est à 1.400, et Spitzkop à près de 1.800 mètres, sous une cime haute de 2.000 mètres, altitudes inférieures de 300 mètres seulement à celle du plateau central. Les champs d'alluvions s'étendent du nord au sud sur une longueur de près de 100 kilomètres. Tous les ravins des monts du Drakensberg aboutissant soit à la Blyde, soit à la Sabie river, possèdent des alluvions aurifères.

En avril 1873, on avait trouvé une série de nuggets valant environ 800 francs, et ces découvertes étaient faites avec les moyens les plus barbares, par des gens sans expérience et sans ressources pour vivre, dans un pays d'un abord alors très difficile, car il n'y avait pas de routes, mais très sain à cause de son altitude élevée. On trouvait l'or à $0^m,60$ ou $0^m,80$ au-dessous du sol, sous une terre rouge argileuse, dans un gravier formé de quartz, de calcaire, dolomie, débris schisteux, etc. ; le quartz était aurifère. Ce gravier était parsemé de gros blocs ou boulders qu'il fallait déplacer, et les plus belles trouvailles étaient faites sous ces blocs. Après les succès venaient les revers, il se passait parfois des semaines sans qu'on fît une trouvaille. La découverte de Mac Mac fut suivie de celle de Spitzkop, puis de celle de Pilgrim's Rest (Repos du Pèlerin) qui effaça les autres par sa plus grande importance. On trouva d'abord des nuggets de 16 et de 22 onces (à 95 francs l'once, car l'or était très pur), puis de 30 onces, et un de 24 livres ; cette dernière trouvaille fut la plus considérable. Puis vint le tour de l'or en poudre qu'on apporta peu à peu par kilogrammes à Prétoria. Certains mineurs recueillaient plusieurs onces par jour ; leur principale difficulté consistait à remuer les gros blocs situés dans les alluvions ; quelques-uns firent rapidement des économies de 500 et 1.000 livres sterling. Il y avait 300 mineurs à la fois à Pilgrim's Rest, et il y en eut encore davantage en 1874 : on en a compté 1.500 dans les différents champs d'alluvions aurifères de Lydenburg ; ils avaient en réserve 1.000 onces d'or et plus. On se rend compte actuellement du grand travail qui a été fait en parcourant les criques de Pilgrim's Rest et des rivières environnantes sur plusieurs milles de longueur.

En 1874, on chercha encore plus au nord de Pilgrim's Rest, en aval sur la Blyde river et ses affluents, et l'on découvrit le champ d'or et les alluvions de Waterval, actuellement Lisbon Berlyn, et de *Rotonda :* on y trouva quelques nuggets, mais ils ne valurent jamais ceux de Pilgrim's Rest. En 1875, furent découverts les reefs de De Kaap ; puis, tous les progrès furent interrompus par la guerre des Boers avec Cekukuni, et par celle des Boers et des Anglais sur les frontières de la colonie de Natal. Après cette guerre, les Boers exigèrent des conditions très dures de la part des capitalistes, afin d'éloigner les Anglais de Lydenburg, mais cela ne servit qu'à leur faire découvrir à nouveau les champs d'or de De Kaap, où ils vinrent en grand nombre. En 1883, on essaya, mais sans succès, de fonder à Londres des compagnies minières sur les reefs de Lydenburg, et ce n'est que dernièrement, depuis 1895, que les champs d'or de Lydenburg ont repris leur ancienne faveur. C'est donc de 1885 que datent les compagnies qui possèdent actuellement la plus grande partie du district aurifère : on prétend cependant que certains reefs riches, connus autrefois, puis comblés, ne sont pas encore réouverts.

Les alluvions de Pilgrim's Rest, étendues sur plusieurs milles (10 kilomètres environ) sur le Pilgrim's Creek et ses affluents et sur 300 à 400 mètres de largeur, présentent de grandes difficultés pour un traitement par la méthode hydraulique, la rivière ne possédant pas des pentes suffisamment fortes pour le lavage sur une grande échelle. En outre, ces alluvions sont remplies de gros blocs très difficiles à déplacer, et l'or se trouve surtout sous ces blocs ou au pied de chutes brusques de la rivière, de 1 ou 2 mètres de hauteur. C'est ce qui fait dire que la crique est *patchy*, c'est-à-dire riche seulement par places, le reste étant vraiment d'une très pauvre teneur moyenne ; l'épaisseur de l'alluvion dépasse souvent 1 mètre, elle arrive à 3 et 4 mètres, mais elle est recouverte de terre argileuse rouge.

A *Mac Mac*, les facilités pour la méthode hydraulique sont bien plus grandes. Depuis les chutes de Picnic Falls jusqu'à Mac Mac Creek on pouvait établir une canalisation à courant rapide ; il n'y a pas d'endroit plus favorable dans tout le district. Les alluvions sont de gravier assez fin et bien moins mêlé de gros blocs qu'à Pilgrim's Rest. L'or existe à l'état fin tout le long des terrasses qui bordent la crique : on a trouvé moins de nuggets qu'à Pilgrim's Rest, mais la moyenne de la teneur en or paraît être à peu près la même (*).

Nous allons décrire maintenant la géologie de la région précédente, la seule que nous ayons parcourue, c'est-à-dire de Pilgrim's Rest à Spitzkop, sur 30 kilomètres environ à vol d'oiseau. Nous ajouterons seulement quelques mots sur ses prolongements au nord et au sud.

2° Géologie générale. — Le district de Lydenburg, entre l'Oliphant river et le Crocodile river, est formé d'une série d'assises orientées à peu près nord-sud, parallèlement à la chaîne des montagnes de Drakensberg et aux rivières

---

(*) Les alluvions de Lydenburg passent pour avoir produit de l'or pour 12 millions de francs.

principales, Origstad river et Blyde river, et appuyées à l'ouest et à l'est sur le granite. L'inclinaison des assises dans la région aurifère est de 14° à 20° vers l'ouest.

Voici la série des assises telle que nous l'avons observée de Pilgrim's Rest à Spitzkop en partant de la base, soit de l'est à l'ouest :

1° Schistes et grès surmontés d'une couche siliceuse;

2° Schistes et grès avec un lit de conglomérats, 120 mètres ;

3° Schistes avec intercalations de dolomies et dolomies caverneuses, 200 à 250 mètres ;

4° Quartzites avec reefs de quartz, 6 à 10 mètres ;

5° Assises dolomitiques, dont l'épaisseur varie de 200 à 600 mètres, avec intercalations de lits quartzeux aurifères, notamment à la base (Spitzkop et Mac Mac reefs) et près du sommet (Pilgrim's Rest reefs). Cette série, comme les précédentes, est traversée de roches éruptives trappéennes, en amas ou en lentilles décomposées ;

6° Grès, schistes et conglomérats avec quelques reefs quartzeux, 25 à 30 mètres ;

8° Schistes très compacts avec quartz, de 150 à 200 mètres ;

9° Au sommet, grès ayant subi les actions de dénudation et d'érosion, et formant généralement les sommets des montagnes.

En allant de là à l'ouest, dans la vallée de l'Origstad river, qui forme une assez profonde coupure dans ces terrains, on retrouve les sommets des couches dolomitiques, puis les couches du Swaziland, schistes, grès et quartzites.

La formation dolomitique aurifère s'étend sur près de 100 kilomètres en ligne droite, du confluent de la Blyde jusqu'au sud de Spitzkop, et en largeur, de l'est à l'ouest, elle varie de 3 à 10 kilomètres, avant de plonger sous les schistes et les grès.

Cette formation de Pilgrim's Rest peut être décomposée en trois dépôts principaux ; les grès de la base (lower sandstone) correspondant aux grès et conglomérats de Witwatersrand ; les dolomies (dolomitic limestone) correspondant aux couches de Klipriversberg ; les grès du sommet (upper sandstone) correspondant aux couches de Gatsrand, dans l'axe du Rand. On peut les suivre, d'ailleurs, formant un arc de cercle pour se diriger vers Petersburg, dans le Zoutpansberg, et affleurer de nouveau dans le Rustenberg jusqu'à Malmani, et même au-delà vers Blœmhof, Christiana et Kimberley. C'est toujours la même allure en arcs de cercle de tous les sédiments de l'Afrique australe, comme nous avons eu ailleurs occasion de l'expliquer. Au sud de Spitzkop, les dolomies, interrompues un instant au Crocodile river, reprennent près de Barrets' Berlin et de Coetzestroem, pour entrer de là dans le Zululand, et partout on y retrouve des quartz plus ou moins aurifères.

Le véritable quartz aurifère est cristallin et saccharoïde, tantôt compact, tantôt caverneux ; frappé au marteau dans la roche, il rend un son sourd tout à fait particulier, comme si les molécules grenues se pressaient davantage. Le quartz stérile est tout à fait brillant et soyeux, en grosses facettes cristallines et rend un son sec dur : quelquefois cependant, dans ce quartz stérile, on trouve des nuggets, mais il ne renferme jamais, même avec les nuggets, une proportion d'or comparable à celle du quartz saccharoïde, et surtout il n'a jamais la même continuité. Outre l'or, on y trouve quelquefois du fer, du cuivre, du manganèse ; le plomb et le zinc n'y paraissent qu'à l'état de très rares exceptions. La dolomie est tantôt compacte et tantôt caverneuse, elle est souvent cristalline, et forme des réseaux ou des cristallisations mamelonnées : celle qui encaisse les reefs riches n'a rien de particulier, et ne tient de l'or qu'au contact même du quartz. Du moins, nous n'y avons rien remarqué qui la rendît facile à reconnaître.

A Frankfort, dont M. Stark a fait une étude particulière, la succession détaillée des assises est la suivante, en partant du sommet, soit de l'ouest à l'est, pour arriver aux granites de la base :

1° Grès du sommet ;

2° Linguage's reef : quartz de 15 à 20 mètres ;

3° Schistes ardoisiers et argileux de couleur gris bleu : 500 mètres ;

4° Reef de quartz irrégulier, de quelques centimètres ;

5° Schistes argileux : 16 mètres ;

6° Bevitt's reef : $0^m,60$;

7° Grès et conglomérats : $2^m,50$ à 3 mètres ;

8° Calcaire dolomitique : 10 mètres avec trapps décomposés ;

9° Dolomie et roches trappéennes : 25 à 50 mètres ;

10° Thêta reef (à Pilgrim's Rest), pauvre à Frankfort ;

11° Dolomie : 500 mètres ;

12° Mac Donald's reefs, quartz : quelques centimètres ;

13° Quartzites : 6 mètres ;

14° Calcaire dolomitique caverneux : 140 mètres ;

15° Dolomie mélée de schistes argileux et de diorite : 90 mètres ;

16° Grès : 35 mètres ;

17° Conglomérats : $0^m,30$;

18° Schistes et grès : 90 mètres ;

19° Dykes dioritiques et épanchements dioritiques ;

20° Sherwell's reef, quartz de $0^m,40$ à $0^m,50$;

21° Schistes et grès.

Viennent ensuite les couches du Swaziland, grès, schistes et quartzites. Ces derniers forment une véritable falaise de plusieurs centaines de mètres de hauteur qu'on peut suivre du nord au sud tout le long du versant est des montagnes du Drakensberg, sur près de 100 kilomètres ; c'est le second degré, et le plus important, de la descente des terrains du plateau central de l'Afrique vers l'Océan Indien. On se trouve ensuite brusquement sur le granite, et dans le pays bas, ou *law country*, d'un caractère si différent de celui du *high veld*, ou haut plateau. Il est remarquable que les alluvions aurifères sont restées sur le premier degré dans les premières vallées d'Origstad et de la Blyde. Les rares traces d'alluvions découvertes dans le law country ont été sans importance. Certaines places, cependant, notamment plus au nord, vers le Murchison Range, au pied de falaises à pic, paraissaient tout à fait favorables à des dépôts d'alluvions, mais on n'y a rien trouvé d'intéressant.

Tout le long de la chaine de Drakensberg et au nord-ouest en la suivant dans le Zoutpansberg, on suit ainsi les assises de conglomérats, contemporaines de celles du Rand et de celles de De Kaap, et d'une apparence identique ; mais nulle part on n'y a découvert la présence de l'or en quantités appréciables. L'épaisseur de ces conglomérats varie de $0^m,50$ à 10 mètres, ils rendent 2 à 3 grammes. Nous avons dit que ces mêmes couches existaient également au sud, dans le Zululand ; dans ce dernier pays elles ont donné récemment quelques espérances, et de même à l'ouest, dans l'État d'Orange, du côté de Kimberley. L'avenir dira ce qu'il en faut attendre.

Nous allons décrire les principales mines actuellement ouvertes dans les assises dolomitiques. Nous ne ferons guère que mentionner celles que nous n'avons pas visitées. Les premières et les plus intéressantes sont celles de Pilgrim's Rest.

§ 1. — PILGRIM'S REST.

En partant de la Blyde river, à son intersection par la route de Lydenburg, et allant en amont, tous les

vallons qui viennent aboutir à cette rivière renferment
des reefs aurifères. Il en existe même quelques-uns en
aval, comme celui de *Belvédère*, mais ils sont très locali-
sés et n'ont donné lieu à aucun travail sérieux. Le premier que nous rencontrons est celui de *New Clewer*, au
voisinage des alluvions exploitées autrefois sous le nom
de Müller's claims.

Le reef de *New Clewer* est reconnu sur une très
grande étendue, de part et d'autre d'un petit vallon qui
a pour source une cascade haute de plus de 50 mètres.
Il est exploité en cinq points principaux sur une étendue
totale de 2 kilomètres carrés environ. C'est un reef de
quartz situé à la partie supérieure de la dolomie. Son
épaisseur est variable : fait assez rare, plus il est épais,
plus il est riche ; il varie de $0^m,08$ ou $0^m,10$ à 3 mètres
de puissance. Son allure générale est en poches riches
très étendues dans tous les sens ; on peut les suivre sans
interruption, elles ont une assez grande régularité. Le
quartz, suivant parallèlement la formation, est à grain
assez fin, saccharoïde, souvent carié ; il contient de l'hé-
matite et des carbonates de fer et de cuivre ; à l'intérieur on trouve davantage de fer et de cuivre. La présence du cuivre est un peu gênante pour la cyanuration,
qui retire plus de 70 p. 100 de l'or total. Lorsque le reef
est trop mince, on l'abandonne, il est d'ailleurs plus
pauvre, et cela forme dans la mine des piliers de sou-
tènement naturels. La teneur moyenne est de 25 à
30 grammes pour le minerai abattu, soit près d'une once.
Au toit on trouve encore 15 à 25 mètres de dolomie ;
puis, commence une falaise de schistes compacts de plus
de 150 mètres de hauteur. Le reef est voisin de l'horizontale, plongeant entre 10° et 15° à l'ouest. Tous les ravins
sont remplis par des alluvions aurifères.

Sur la Blyde et le Pilgrim's Creek, depuis Brown's
hill jusqu'à Graskop, le même reef qu'on appelle *Théta*

reef du nom de la principale exploitation et qui est la suite très probable de celui de New Clewer, est travaillé sur un très grand nombre de points, qui ont reçu les noms des lettres grecques : Alpha, Bêta, etc., en outre de plusieurs noms particuliers comme Ophir, Jubilee, Graskop. La même couche quartzeuse est reconnue sur plus de 8 kilomètres de longueur et 1.600 mètres de largeur, et sur toute cette étendue les montagnes sont criblées de fouilles et de grattages qui marquent bien la place du reef, inégalement riche, mais toujours existant. L'épaisseur et la teneur sont variables, mais relativement constantes sur de grandes étendues.

A la mine Nu sur le versant Ouest de la montagne de Pilgrim's Rest, les roches, dolomie et argiles schisteuses, sont entremêlées de boulders de diorite. Il y a eu comme un brisement près de la surface ; d'ailleurs, le reef subit un refoulement qui lui fait faire une sorte de pli en selle, de l'autre côté duquel il va en s'épanouissant pour former la mine Thêta, sur l'autre versant de la même montagne. Le reef est formé de quartz cristallin très fin, puissant, de $0^m,30$ à $1^m,50$, contenant des oxydes de fer, presque pas de cuivre. Il est reconnu par plus de 600 mètres de galeries et travers-bancs. Son inclinaison au point où il subit un redressement arrive à 40° ; en général, elle est de 14 à 18°. Sa teneur va en augmentant vers la mine Thêta.

Il y a, à cette mine Thêta, une concentration d'or tout à fait remarquable. La connexion a été établie entre cette mine et la mine Nu par des galeries en inclinaison dans le reef et des recoupes au point où le reef est replié, d'une longueur totale de 600 mètres. L'affleurement du reef, qui est très peu incliné, atteint une grande épaisseur et forme un autre pli en selle où il a 10 à 15 mètres de puissance. On a fait là un grand découvert qui a 20 à 30 mètres de profondeur, en enlevant avec le reef la dolomie et les terres qui la recouvrent, et on continuera aussi loin que possible à exploiter ainsi le reef à ciel ouvert. En ces points, sur une épaisseur de 9 à 10 mètres, le reef rend plus de 20 grammes à la tonne, et la partie centrale, de 1^m,20 à 1^m,50, est beaucoup plus riche. Le reef est formé de quartz exclusivement saccharoïde, à son mat ; en certains points il est cristallin, carié ; ailleurs il est très finement granulé, et presque absolument compact. L'or est extrêmement fin, il est rarement visible : de gros blocs broyés sans or visible donnent des *pannings* extraordinaires comme richesse. On continue à suivre ce reef dans la montagne, il s'amincit constamment en allant vers la mine Nu, c'est-à-dire en inclinaison ; l'affleurement est bien la zone la plus riche.

Il se passe un fait curieux en cette région. Le ravin situé au pied des affleurements du Thêta, à 150 mètres plus bas environ, est la partie amont de la crique aurifère de Pilgrim's Rest, et c'est précisément cette partie-là de la crique qui a fourni les plus beaux nuggets et les plus grandes quantités d'or fin. Thêta est sur la rive droite du ravin. Or, sur la rive gauche, à 200 mètres au-dessus environ, car les montagnes sont très escarpées, affleure un nouveau reef quartzeux, c'est la mine *Jubilee*. Ce reef a la même inclinaison, 14°, et, en le prolongeant par la pensée au-dessus du ravin, tenant compte d'un rejet direct marqué en cet endroit, il vient rejoindre le reef Thêta. Il semble donc bien qu'il y a eu là comme un véritable éboulement, qui a enlevé une partie très riche du reef dont les débris ont été ensevelis au fond du ravin où l'or s'est accumulé.

A cette idée on peut cependant objecter le fait suivant, c'est que la plus grande partie de l'or des alluvions est de l'or grossier (coarse gold), alors que le reef de Thêta est formé d'or fin. Il est peut-être possible que l'or fin roulé s'agglomère en nuggets, mais ce fait est difficile à démontrer. D'un autre côté, on a constaté la présence de l'or en nuggets dans une diorite dont on voit plusieurs affleurements aux environs des reefs, notamment sur la montagne d'*Ophir*. On a trouvé là de très beaux nuggets, j'en ai vu un de plusieurs onces. A Ophir on a essayé d'exploiter cette diorite aurifère, mais sans succès ; en général elle est tout à fait stérile.

A la mine *Khi* on retrouve encore le reef de Thêta avec une puissance de $0^m,60$ à $1^m,80$, sur une cime voisine de la précédente, au-delà du col qui sépare le Pilgrim's Creek du Kameel's Creek, autre affluent de la Blyde river. Ce reef suit la montagne, incliné à 15° ou 20° ; il rend près d'une once à la tonne, le quartz a les mêmes caractères qu'à Thêta.

A Bêta, ancienne Sheba, près de la Batterie de Brown's hill, existe encore le même reef, mais moins riche, avec une épaisseur de quelques centimètres à $1^m,50$.

A Graskop c'est encore le reef de Thêta, du moins autant qu'on peut le présumer, mais il n'a plus la même valeur. On remarque à Graskop deux épanchements de diabase séparés par des argiles schisteuses dans lesquelles l'or provenant des diabases s'est imprégné jusqu'à 10 mètres de profondeur, à tel point qu'on a cru pouvoir les exploiter. A partir de Graskop on commence à descendre le ravin qui conduit vers Mac Mac en rencontrant plusieurs reefs où l'on a fait autrefois quelques tentatives d'exploitation, *Company's reef*, *Jone's reef*, *Stanley's reef* et enfin *O'Keefe's reef ;* le quartz perd de plus en plus l'apparence si caractéristique qu'il avait à la mine Thêta.

Avant de passer à *Mac Mac*, il faut citer aussi, sur le Blyde, à quelques kilomètres de Bêta, mais de l'autre côté de la montagne, le reef de *Grootfontein* qui paraît bien être dans le prolongement de Bêta, mais qui n'a pas donné des résultats bien satisfaisants.

§ 2. — Mac Mac.

Nous n'avons pas grand'chose à dire des reefs découverts autour des alluvions de Mac Mac, ayant parcouru cette région sans nous y arrêter : la découverte de reefs exploitables a d'ailleurs été successivement annoncée, puis démentie : il est certain qu'il existe un peu d'or dans ces montagnes ; mais, ainsi que nous l'avons fait remarquer au commencement, il est fort possible qu'une bonne partie de l'or des alluvions de Lydenburg provienne du lavage de reefs situés beaucoup plus loin, dans le plateau central de l'Afrique du Sud, et les alluvions de Mac Mac contenant beaucoup plus d'or fin que ceux de Pilgrim's Rest peuvent l'avoir tiré d'une autre origine. Il faut ajouter que la crique de Mac Mac est beaucoup moins longue, elle n'a que 3 à 4 kilomètres de longueur. Enfin, Mac Mac est tout à fait au mur de la dolomie, aussi ne pouvait-on y retrouver le reef de Pilgrim's Rest.

En allant de Mac Mac à Spitzkop, on passe la cascade, haute de 15 à 20 mètres, qui domine les alluvions ; puis, on descend sur les affluents de la Sabie river, où l'on rencontre deux autres chutes d'eau importantes, celles de Picnic, haute de 80 mètres, et celle de la Sabie, haute de près de 50 mètres ; on remonte ensuite aux champs d'alluvions de Spitzkop, au pied du pic de ce nom, qui les domine d'une cinquantaine de mètres.

Il y a autour de cette cime quatre rivières principales où l'on trouve des alluvions : celle de Spitzkop et celle de Glynn qui se dirigent vers la Sabie, et celles de King's river et de Ross hill, sur des affluents du Crocodile river.

§ 3. — Spitzkop.

A *Spitzkop*, on a exploité partiellement les alluvions par deux monitors hydrauliques, et, en outre, on travaille dans un reef situé à la partie inférieure des assises dolomitiques, qui ne rend guère que 8 à 10 grammes par tonne en moyenne.

A *Glynn*, tout au voisinage des chutes d'eau de la Sabie, on a rencontré, il y a peu d'années, un reef de $0^m,60$ de puissance en moyenne, mais qui paraît d'une grande richesse ; il arrive quelquefois à $1^m,50$ et 2 mètres. Les quartz ressemblent fort à ceux de Pilgrim's Rest, et ils ont été reconnus sur une étendue de 1 à 2 kilomètres de part et d'autre d'une colline longue de plusieurs kilomètres. Ce reef est aussi situé à la partie inférieure de la dolomie ; au sud, il plonge sous les sédiments de Spitzkop, et on entreprend des sondages qui doivent le recouper à faible profondeur. Dans les grès sous-jacents (couches du Swaziland) existe un conglomérat dont l'épaisseur varie de $0^m,50$ à 9 mètres, qui rend 2 à 3 grammes d'or à la tonne et qu'on peut tracer sur des kilomètres de longueur.

A *Ross Hill* et aux environs, comme à Mac Mac et à Graskop, on exploitait les alluvions par le monitor « wasserstrahl » sous 3 à 5 atmosphères de pression, conduisant les terres à des conduites remplies de blocs de grès et de quartzites, recueillant l'or grossier en haut, l'or fin plus bas. Le lavage se faisait au pan.

De Spitzkop à Lydenburg, on passe à travers une série de collines appelées pittoresquement *Devil's Knuckles* (les Articulations du Diable), avant de revenir sur le versant des affluents de l'Oliphant river.

Sur la ferme *Nooitgedacht*, avant d'arriver à Lydenburg, on rencontre un groupe de trois reefs, intercalés entre les schistes, les grès et des épanchements de diorite. Ces reefs sont reliés par des fentes traversant perpendiculairement toute la formation. Les strates de schistes, grès et diorite vont en alternant, à trois reprises, et les trois fois les schistes sont imprégnés d'or, tandis que les grès et la diorite sont stériles ou à peu près. L'épaisseur de ces reefs est faible, 1 à 4 centimètres ; ils arrivent cependant à 0^m,50 et même 1 mètre. Quelques failles sont remplies de diorite, elles ont peut-être servi de véhicule à l'or à travers les strates. Le toit et le mur de chaque reef sont dans les schistes argileux, le dernier seul repose directement sous le grès : ils sont ondulés comme les strates encaissantes. Le quartz est cristallin ; outre l'or il tient du fer et du cuivre, dont on trouve les carbonates près des fentes et de la surface. Au voisinage de la diorite, la teneur parait être plus forte : en moyenne, les rendements ne dépassent pas 8 à 10 grammes.

Nous avons déjà parlé des alluvions de Barretts Berlin et Coetzestroem situées au sud de Crocodile river ; il en existe encore plus bas sur les fermes *Engelich Draai*, etc., au Devils Kantoor : on a retrouvé là récemment les reefs du mur de la dolomie, avec des teneurs locales de plusieurs onces. Nous reviendrons maintenant plus au nord, pour dire quelques mots des reefs situés sur la Blyde et ses affluents, au nord de Pilgrim's Rest.

§ 4. — WATERVAL.

Ce sont d'abord les anciens champs d'alluvions de *Waterval* et de *Rotunda*, les derniers découverts, en 1874. Le Waterval est un affluent de droite de la Blyde ; sur cet affluent et sur la Rotunda, qui arrive à quelques centaines de mètres plus bas, mais sur la rive gauche de la Blyde, on a trouvé les alluvions et les reefs qui portent maintenant les noms de *Frankfort* à l'ouest sur le Rotunda (anciens Gill's claims) et de *Lisbon Berlyn* à l'est sur le Waterval, à 16 kilomètres de distance les uns des autres en ligne droite. Les reefs de Frankfort sont ceux qui sont dénommés dans la série des assises citées plus haut, le Upper reef et le Bevitt's reef, à la partie supérieure de la dolomie; ils correspondraient, par suite, au Thêta reef de Pilgrim's Rest. Les reefs de Lisbon Berlyn seraient, au contraire, ceux de la partie inférieure de la dolomie et correspondraient à ceux de Glynn et de Spitzkop, c'est le Sherwell's reef, qui traverse les grès et les schistes et pénètre dans la diorite décomposée, et le Simmond's reef, juste au-dessus du précédent, intercalé dans les grès, en plusieurs leaders avec un mur de grès et de schistes argileux.

Il y a à *Frankfort* des chutes d'eau de 120 mètres environ, propres à un lavage à grande échelle. Le reef, qui correspond à celui de Thêta, a $0^m,40$ à $0^m,60$ et paraît assez riche; mais le minerai est de qualité réfractaire; on a exécuté quelques sondages pour en découvrir d'autres. Plus des quatre cinquièmes de l'or sont obtenus à la cyanuration. Le quartz est opalisé et calcédonisé; il n'a pas l'apparence saccharoïde de Thêta.

A *Lisbon Berlyn* on a fondé certaines espérances sur une sorte de grand bassin qui paraît contenir des alluvions aurifères. Ce n'est que tout récemment qu'on a essayé quelques broyages suivis des reefs de la dolomie. La cyanuration a rendu quatre fois plus que les moulins; les rendements ont été faibles.

En continuant vers le nord, on a découvert de nombreux reefs aurifères dans la série dolomitique à *Rae*, sur le Treur river, ferme Ledophino et un peu plus en aval sur la ferme Belvédère. Enfin, on a commencé d'explorer toute la région qui va de la Blyde à Pétersburg, en se dirigeant vers le nord-ouest, et on a eu de bons indices en plusieurs points jusqu'à l'Oliphant river et même au-delà de cette rivière ; plus loin on entre dans un autre district, le Zoutpansberg, dont la dolomie ne traverse qu'une extrémité pour pénétrer plus à l'ouest dans les districts de Waterberg et de Rustenberg.

Avec l'immense étendue et la régularité de ces couches dolomitiques et l'extension qu'y prennent les reefs quartzeux aurifères, il semble que l'on puisse fonder des espérances sérieuses sur la découverte de nouveaux reefs semblables au Thêta reef. Il faut ajouter cependant que les reefs riches, Thêta, Glynn, etc., n'ont été découverts qu'au voisinage d'alluvions véritablement riches, et, si ce sont là des indices, il faut d'abord qu'ils se reproduisent avant de concevoir des espérances trop prématurées sur la découverte de reefs exploitables.

La production annuelle des champs d'or de Lydenburg atteint et dépasse même, depuis deux ans, à 60.000 onces par an, celle des champs d'or de De Kaap; les reefs de Pilgrim's Rest, traités ensemble aux usines de *Lydenburg minings Estates*, produisent les trois quarts de l'or de Lydenburg, de même que la Sheba fournit les quatre cinquièmes de l'or de De Kaap.

Depuis 1890 jusqu'à 1896 exclusivement, le district de Lydenburg a produit 240.000 onces d'or environ. Dans les années précédentes, ce sont les alluvions presque seules qui ont produit de l'or. Celles de Lydenburg passent pour avoir produit près de 150.000 onces, représentant une valeur d'un demi-million de livres sterling. Au total la production en or du district de Lydenburg serait au minimum de 400.000 onces au 1er janvier 1896.

CHAPITRE III.

La Rhodesia ou Charterland

(Pl. VI, *fig.* 2.)

Pendant les quatre à cinq mois que nous avons passés dans ce pays (juillet à décembre 1895), il nous a été évidemment impossible de tout voir, bien que nous ayons parcouru la région d'une extrémité à l'autre, depuis les affluents du Zambèze (nous sommes allés jusqu'à moins de 80 kilomètres de ce fleuve) jusqu'au Limpopo par Salisbury et Buluwayo; nous étions arrivés au Charterland par Umtali, venant de Beïra par Massi-Kessé et le Manicaland. Nous ne donnerons donc que nos impressions personnelles, après avoir essayé de décrire rapidement la géologie spéciale de ce pays, sans vouloir répéter ce qui en a déjà été dit par M. A.-R. Sawyer dans son petit ouvrage (*Goldfields of Mashonaland*) et par M. J.-H. Hammond dans son *Rapport à la Chartered Company*. Nous passerons rapidement sur les reefs que nous n'avons pas visités, bien que nous ayons pu recueillir sur la plupart des renseignements sûrs de la part de personnes compétentes. Un ingénieur anglais, M. C. Alfort, que nous avons rencontré souvent dans nos courses en wagon à bœufs, a parcouru ce pays beaucoup plus complètement, mais il n'a rien encore publié, à notre connaissance; il est le seul qui puisse donner une description complète de l'ensemble de cette vaste région ; mais beaucoup d'autres ingénieurs américains et anglais, et même deux ingénieurs français, se sont, comme nous, attachés particulièrement à certains districts, et c'est de tous ces travaux de détails que pourra résulter une étude complète du Charterland au point de vue géologique et minier.

Avant d'aborder la géologie générale, quelques lignes ne seront pas inutiles sur la topographie et le sol du pays. La plus grande partie fait suite au plateau central de l'Afrique du Sud qui forme l'État d'Orange et le Transvaal; c'est la ligne de partage des eaux qui vont à l'est et au sud-est dans l'Océan Indien, au nord-ouest et au nord dans le Zambèze. Le reste du pays, à l'est et à l'ouest, forme des vallées découpées par les érosions et les rivières dans les pentes du plateau central, et c'est ce qu'on appelle le bas pays (law country), d'un climat et d'une végétation tout à fait différents de celle du plateau central ou high veldt. L'altitude de ce dernier varie de 1.300 à 2.000 mètres d'altitude, le bas pays descend jusqu'à 800 et 600 mètres ; à l'est, où l'on descend beaucoup plus bas, on entre dans les territoires portugais de Mozambique.

Dans tout ce pays une énorme surface est tout à fait propre au pâturage et à l'élevage, et de cette surface, toute celle qui forme le plateau central n'est guère propre qu'à cet usage, et un peu à la culture du blé, du maïs et des céréales.

Elle est couverte de forêts; les principales essences sont les suivantes : acacia, épine blanche et épine noire, acajou (assez rare), mapani, maruta, sugarbush, oranger sauvage, matabohobo, stinkwood (bois puant), benkerhout, geelhout, cameeldorn. Sauf l'acacia et le mapani, tous ces bois sont ravagés par un insecte possédant une tarière (un borer), qui perce leur écorce, remplit de terre tout l'intérieur et les rend inutilisables en moins d'un an ou de dix-huit mois, si bien qu'ils ne vieillissent pas au-delà de quinze ou vingt ans, puis tombent et pourrissent : les forêts sont formées d'arbres relativement jeunes, mais déjà rabougris, et ne sont jamais très épaisses, sauf des fourrés impénétrables formés plutôt de lianes et d'acacias. Le sapin importé et le pitch-pin paraissent être à l'abri de cet insecte.

Dans les bas pays, les noirs cultivent le maïs, un peu le riz, lorsqu'il y a suffisamment d'eau ; le caoutchouc, le tabac et le coton qui sont, comme le riz, de qualité supérieure ; l'arbre à sucre, les orangers et les citronniers ; enfin, dans les zones tropicales, le bananier, l'ananas et le café.

L'irrigation pourrait rendre fertiles, comme dans le Transvaal, d'énormes terrains qui ne demandent qu'à produire. Notamment près des dykes de diorite, les forages artésiens auraient toutes chances de réussir, ces dykes étant généralement aquifères.

Géologie générale. — La formation générale est le granite et le gneiss métamorphique. Ces roches sont parcourues de bandes de schistes qui suivent des alignements parallèles et généralement dirigés du nord-est au sud-ouest, c'est-à-dire dans le même sens que la direction générale du haut plateau granitique. Le plongement est souvent très redressé, mais de chaque côté du granite les formations sédimentaires paraissent plonger dans le même sens que les pentes. Vers le nord-ouest par exemple, le grand dépôt houiller, qui est proche du Zambèze, repose par-dessus les formations schisteuses, bien qu'il soit à une altitude inférieure à leurs affleurements sur le plateau central.

Les schistes et le granite sont traversés de nombreux dykes de roches éruptives, diabases, diorites, trapps, etc. ; il arrive souvent que les schistes, au contact, sont métamorphisés et ont l'apparence d'être le produit de l'altération de la roche verte. Les grands dépôts sédimentaires si abondants dans le Transvaal, les conglomérats, grès, etc., ne paraissent point exister dans les districts aurifères du Charterland ; les formations schisteuses non métamorphiques de la région du Zambèze pourraient correspondre aux couches du Swaziland.

Il y a une différence très marquée entre les régions granitiques et les régions schisteuses ou dioritiques. Les régions granitiques sont ou bien couvertes d'éboulements granitiques dus à l'érosion de ces curieux *castels kopjes*, semblables à des châteaux en ruines, ou à des collines de granite parfaitement arrondies en sphéroïdes avec comme une carapace de granite dont se détachent des blocs de temps à autre, et qui sont caractéristiques de l'Afrique du Sud, ou bien le sol est couvert d'une très puissante couche de sable quartzeux à éléments granitiques. La végétation sur ce sol est pauvre ; l'herbe et les arbres existent, mais sans grand développement. Sur le sol schisteux, au contraire, la végétation devient très belle, les arbres sont plus robustes et plus grands ; et de même sur le sol dioritique, où la terre prend une coloration rouge très marquée ; ces dernières régions sont vraiment fertiles et peuvent donner de bien autres résultats que le pâturage et l'élevage. Dans le bas pays, les mêmes caractères persistent, avec plus de richesse de végétation encore, lorsque les rivières ont apporté une certaine quantité de limon.

A mesure que nous parcourrons les gîtes aurifères, nous aurons occasion de citer d'autres roches plus spéciales que les précédentes, mais se rattachant néanmoins à un des trois groupes précédents : granite, schistes, diorite. La zone aurifère est surtout comprise dans les schistes ; on en trouve un peu aussi dans la diorite, et même dans certains granites. Les schistes sont chloritiques ou micacés, parcourus de veines quartzeuses, et, comme nous l'avons dit, paraissent souvent dus à un métamorphisme provenant des granites ou des roches éruptives. La largeur des bandes qu'elles forment varie de 2 ou 3 kilomètres à 30 kilomètres et plus.

L'allure générale de toute la région témoigne de phénomènes de désintégration et d'érosion très intenses, ayant produit les éboulements granitiques, les roches moutonnées et les énormes couches de sables granitiques; mais, par contre, la régularité générale et l'absence de dislocations dans les terrains montrent un manque absolu de violentes catastrophes géologiques. Le plissement le plus important aurait seulement soulevé toute la partie centrale du système, et provoqué les puissantes actions d'érosion dont nous avons parlé, par l'exposition à l'air et aux eaux de masses énormes de roches quartzeuses et feldspathiques. On pourrait peut-être chercher là l'origine de l'immense abondance de galets exclusivement quartzeux qui forment la presque totalité des galets des conglomérats et des grès du Transvaal, les granites désintégrés n'ayant laissé subsister intacts que leurs éléments quartzeux. L'altitude des granites du Charterland est, en moyenne, de 1.400 à 1:800 mètres, c'est-à-dire égale au moins à celle des dépôts sédimentaires du Transvaal; mais l'altitude où se trouvent en partie ces derniers est le résultat d'un soulèvement dont il est difficile encore de déterminer l'amplitude, et on peut admettre que les dépôts sédimentaires ont commencé dans les régions alors moins élevées du plateau central du Transvaal. Un autre fait vient encore favoriser cette hypothèse, c'est la direction dans laquelle plongent tous les sédiments, conglomérats, grès, etc., du Transvaal : ils plongent tous vers le sud; c'est donc en venant du nord que s'est opéré leur dépôt, et leur inclinaison, faible à l'origine, a été seulement augmentée par le mouvement dû aux roches éruptives venues postérieurement, comme au Witwatersrand. Enfin, les galets quartzeux aurifères, relativement moins rares qu'on ne le suppose dans les reefs du Rand, auraient leur origine marquée dans les reefs quartzeux aurifères du Charterland. Mais nous n'insisterons pas sur ces hypothèses.

Parmi les roches que nous aurons à citer se trouvent des pegmatites, des ryolithes, des diabases et des andésites, des dolérites passant à des épidiorites, des basaltes, des serpentines et des péridotites, des schistes à séricite, à actinolite, à hornblende. Comme roches sédimentaires, il y a des grès siliceux et des quartzites dans l'est, du côté de Victoria et d'Umtali, ainsi que des calcaires gris ou blancs, mais ces derniers paraissent plutôt d'origine métamorphique ainsi que les tufs trouvés dans la même région, à Victoria. On a trouvé récemment de semblables calcaires à Sinoia, près de lo Mogundis, et même à 30 kilomètres de Salisbury dans le Mashonaland, contenant 96 p. 100 de carbonate de chaux. On trouverait certainement, en étudiant longuement ces pays, toutes sortes de minéraux et une grande variété de roches, quelques-unes très curieuses, et dont les gisements sont rares, par exemple des pegmatites, à éléments énormes, comme nous en avons vu sur un des affluents du Mazoé, dans le nord de Salisbury.

Au point de vue des mines d'or, on rencontre dans tout le Charterland des traces d'anciens travaux, et quelques-uns indiquent qu'un travail assez considérable a été accompli. Les plus importants que nous ayons vus sont ceux de Mapondera et de Mtopota, à 100 et 120 kilomètres au nord et au nord-est de Salisbury dans le Mashonaland. Les accumulations de débris qu'on trouve dans ces vieux travaux donnent encore de l'or aux pannings, et, en outre, aux bords de rivières avoisinantes, on trouve des quantités de pierres taillées, ou *crucibles*, où les anciens mineurs broyaient et lavaient le quartz. Mais s'il y a, dans certaines régions notamment, une grande extension de ces vieux travaux, dans beaucoup d'autres ils ont été insignifiants ; on a même pris quelquefois pour d'anciens travaux de mines les tranchées que font les noirs pour y attirer et y précipiter le gros gibier après l'avoir chassé.

Les principales régions de vieux travaux au Mashonaland sont Mazoé, lo Mogundis, Umfuli ; au Manicaland, Umtali ; au Matabeleland, Gwanda, Selukwe, Insiza.

La forme générale de ces vieux travaux est celle d'une tranchée, longue quelquefois de plusieurs centaines de mètres, large de 15 à 20 mètres, quelquefois davantage, jusqu'à 60 et 70 mètres ; et la profondeur exploitée a été reconnue jusqu'à plus de 60 mètres dans certains cas. En général, ils n'ont été interrompus que par suite des venues aquifères qui n'ont pas pu être surmontées. On a aussi trouvé des séries d'excavations à la suite les unes des autres, et reliées par des tunnels, ou bien, tout à fait au fond des tranchées, de grandes cavernes souterraines dans le reef même. Le feu a été employé dans le cas de roche dure, on a trouvé des traces de substance ressemblant à du goudron. Il est rare qu'un nouveau puits foncé dans ces tranchées ne retrouve pas le reef dans le fond, soit directement, soit au moyen de galeries à travers-bancs.

Ces reefs du Charterland peuvent être classés en quatre catégories : 1° fissures de contact entre les schistes métamorphiques et la diorite ou le granite ; 2° veines de fissures dans le granite, généralement superficielles ; 3° veines de fissures dans les schistes, soit parallèlement aux feuillets, soit obliquement, ce qui semble plus rare ; 4° imprégnations de diorites ou de kaolins résultant de la décomposition de diorites.

On a découvert aussi quelques alluvions aurifères où les noirs lavent encore de l'or à l'heure actuelle ; ce sont les bords des rivières qui arrosent le voisinage des anciens travaux, aux points où ces rivières peuvent s'étendre en vallées plus ou moins larges au sortir des défilés ; ces vallées ont 100 à 200 mètres de large ; nous avons vu ainsi des alluvions modernes sur le Wantzié river, à 60 kilomètres au nord de Salisbury, sur le Sabakwe river, et sur la Shangani river, à 20 et 40 kilomètres de Gwelo ; enfin, à Umtali, au pied des Penhalanga reefs. Comme on le voit, il s'agit d'alluvions modernes, probablement directement dérivés des reefs quartzeux situés en amont des rivières où elles se trouvent. Il est cependant fort possible, puisqu'on cite des exemples de ce fait, que des rhizodes de ces alluvions soient situées tout au-dessous d'eux, et il y aurait lieu de les rechercher (voir Posepny sur la genèse des placers).

Pour étudier les reefs aurifères que nous avons visités dans le Charterland, nous suivrons l'ordre dans lequel le pays a été divisé : Manicaland, Mashonaland et Matabeleland. Nous commencerons, dans l'ordre de notre voyage, par le Manicaland, en comprenant sous ce nom les mines situées dans le territoire portugais avoisinant, qui a pour centre Massi-Kessé.

§ 1. — LE MANICALAND.

La région minière située dans le territoire portugais de Manica est arrosée par la rivière le Revue et ses affluents, le Ménène, le Zambusi, etc., qui traversent tous des champs d'alluvions aurifères. L'ancien fort portugais de Massi-Kessé a été remplacé par les petits villages de huttes de Nova Massi-Kessé sur la route de Chimoio, et d'Andrada où la Cie de Mozambique a placé le siège de l'administration des mines.

Cette vallée du Revue est presque exactement dans le prolongement de celle d'Umtali, mais les deux rivières courent en sens contraire, le Revue vers l'est, l'Umtali vers l'ouest. La ligne de partage des eaux est perpendiculaire aux cours de ces deux rivières, et se prolonge très loin au nord et au sud, séparant les eaux du Busi et de la Pungwe river, de celles de la Sabie (ne pas confondre avec la Sabie river du Transvaal). Entre Umtali et Massi-Kessé, la séparation des eaux est formée d'un grand dyke de roches éruptives basiques recoupant en croix toutes les autres formations. Cet endroit très pittoresque, à 1.600 mètres d'altitude, s'appelle *Crow's nest*, le Nid de Corbeau. Les formations se prolongent cependant à peu près l'une l'autre au-delà de ce grand dyke éruptif pour former les pentes des montagnes qui bordent de part et d'autre le Revue et l'Umtali river. Le Rezende range, sur la rive droite de l'Umtali river, serait ainsi prolongé par le Pardy's range sur la rive gauche du Revue, et le Penhalanga range sur la rive gauche de l'Umtali serait prolongé, en admettant l'existence d'une grande faille, par le Birthday range. La vallée de l'Umtali river, comme le Revue et ses affluents, est remplie d'alluvions aurifères.

Dans le Pardy's Range, on a découvert une série de reefs dont le principal est le *Guy Fawkes* reef. C'est un reef très redressé, de 0^m,30 à 0^m,50 de puissance, dirigé est-ouest, formé de quartz saccharoïde à or libre encaissé dans les schistes talqueux. Il a été reconnu par deux étages de travaux jusqu'à la profondeur de 50 mètres environ, et sur plusieurs centaines de mètres en direction. Comme nous le verrons, le quartz rappelle beaucoup celui du Rezende reef par sa structure et sa minéralisation.

Entre le Zambuzi et le Ménène, le *Lion's* reef, dans la chaine du Birthday range, est un reef de contact entre les schistes et le granite, et au voisinage des dykes dioritiques qui abondent autour de Massi-Kessé. Ce reef est presque vertical ; il a 0^m,50 à 0^m,60 avec plusieurs leaders ; il a les schistes au toit, le granite décomposé au mur, et il est dirigé sensiblement est-ouest. On a trouvé l'existence de vieux travaux au Guy Fawkes et au Lion (*).

Les alluvions du Revue et de ses affluents, au pied des reefs précédents, sont formées de terres mélangées de

---

(*) Nous devons plusieurs renseignements à l'obligeance de M. Razouls, ingénieur de la Cie de Mozambique, à Massi-Kessi.

gros et de petits graviers, leur épaisseur atteint plusieurs mètres. On ne peut rien préciser encore sur leur valeur, ni sur leur exploitabilité.

Sur le territoire anglais de Manica, les principaux reefs sont le Rezende au nord de l'Umtali river et le Penhalanga reef au sud. On s'aperçoit de la différence des terrains de chaque côté du *Crow's nest* par la différence de végétation : le versant de Massi-Kessé est beaucoup plus boisé que celui d'Umtali ; cependant les schistes existent de part et d'autre avec une puissance plus ou moins grande, mais les granites qui commencent d'apparaître dans les affluents du Revue vont prendre de plus en plus d'importance en arrivant à Umtali ; les vallées du Revue sont encore pleines d'alluvions modernes qui leur donnent une plus grande fertilité. Nous sommes sur les bords mêmes du grand plateau granitique central de l'Afrique du Sud, l'altitude devient de plus en plus forte : Massi-Kessé n'est qu'à 800 mètres, le Crow's Nest est déjà à 1.600 mètres ; si l'on redescend, pour arriver à Umtali, à 1.200 mètres, on ne tarde pas à remonter définitivement ensuite sur le plateau central pour arriver à Salisbury. Umtali, le premier degré de la descente, occupe une position analogue à celle de Pilgrim's Rest dans le Transvaal.

Le reef de *Rezende* est un reef ramifié encaissé dans les schistes talqueux qu'il recoupe quelquefois ; sa puissance passe de quelques centimètres à 3 et 4 mètres, il paraît procéder par lentilles riches, le quartz est tantôt bleu ou très blanc et vitreux avec de l'or libre, tantôt nettement saccharoïde, c'est alors qu'il est le plus riche ; il n'est pas très minéralisé. Les vieux travaux s'étendent sur plusieurs centaines de mètres. Il est bien reconnu jusqu'à 25 et 30 mètres de profondeur et 3 à 400 mètres de longueur, mais des travers-bancs entrepris à plus grande profondeur ne l'ont point recoupé, soit qu'il s'arrête, soit qu'il subisse un rejet assez étendu vers le nord.

C'est le *Penhalonga reef* qui a le plus contribué à attirer l'attention sur le Manicaland, les vieux travaux y ont pris un grand développement. Le Penhalonga range est une ligne de collines de 8 à 10 kilomètres de longueur, formées de schistes, grès et quartzites plissés et sillonnés de veines quartzeuses minéralisées. Ces couches sont traversées de dykes de diabase et de diorite qui sont quelquefois aurifères, et de kaolins et d'argiles rouges de décomposition.

On peut suivre les travaux anciens sur toute la longueur de ces collines, mais avec des interruptions de plusieurs centaines de mètres. La partie centrale a été la plus travaillée autrefois. Le reef est très variable d'épaisseur, il a de quelques centimètres à 2 et 3 mètres, et sa teneur en or varie de quelques traces à plusieurs onces. Généralement, il est assez minéralisé, on y trouve surtout des pyrites, puis de la galène et de la crocoïse, chromate de plomb, et de la blende, ce qui le classe parmi les minerais réfractaires. L'encaissement est formé par les schistes talqueux à veines de quartz et de galène, le pendage est vertical, les salbandes sont argileuses le plus souvent. On a entrepris des travers-bancs en profondeur, afin de reconnaître le reef; on l'a ainsi recoupé jusqu'à 80 mètres de profondeur, mais avec une épaisseur seulement de 10 centimètres; un autre travers-bancs, à 100 mètres plus bas que le précédent, devait le recouper à 215 mètres environ. D'après des renseignements récents recueillis en passant à Beïra, cette galerie aurait recoupé le reef au bout de 300 mètres seulement. Le reef paraît procéder par lentilles comme le Rezende reef; le quartz est plutôt vitreux et diffère sensiblement de celui de Rezende. Les broyages intermittents faits jusqu'à présent ne permettent pas de préciser sa teneur moyenne en or.

Les alluvions de l'Umtali river sont encombrées de vieux puits sur des kilomètres de longueur. Ces puits traversent d'abord une couche de limon rouge de 3 à 4 mètres d'épaisseur pour atteindre une couche horizontale d'alluvions aurifères qui ne paraît pas avoir plus de $0^m,60$ de puissance ; cette couche, parsemée de galets quartzeux paraît irrégulièrement riche et repose sur des schistes argileux. Un nouveau puits foncé à travers ces argiles a rencontré à $3^m,50$ à 4 mètres au dessous une nouvelle couche d'alluvions aurifères qui paraît avoir 1 mètre à $1^m,20$ d'épaisseur et repose sur les schistes talqueux. Les galets quartzeux ne sont pas aurifères ; il serait donc inutile de faire des broyages. L'eau est abondante, on pourrait même utiliser les chutes de l'Umtali river à quelques kilomètres en amont, qui ont 40 à 50 mètres de hauteur, formant une très belle cascade, d'un débit de plusieurs litres par seconde dans la saison la plus sèche.

En aval d'Umtali, sur l'Umtali river, on trouve encore toute une série de reefs aurifères dans des collines schisteuses, *Champion*, *Grand Duke*, etc., et jusque sur les premiers affluents de la Sabié river dans l'Ironstone range, où abondent la limonite et les oxydes de fer, au contact des gneiss et des granites, mais ils n'ont pas donné encore de résultats appréciables. En continuant de là pour se diriger à l'ouest vers les champs d'or de Victoria, on rencontre de très anciennes ruines, dont celles de Matendela, qui, avec celles de Zimbabyé, au sud de Victoria, sont les plus considérables de l'Afrique du Sud.

§ 2. — LE MASHONALAND.

Le Mashonaland a été divisé en plusieurs districts miniers tout autour de Salisbury, sa capitale, qui est aussi celle de tout le Charterland : ces districts sont ceux de : Salisbury et Entreprise, Mazoé, Abercorn, Mount Darwin, lo Mogundis, Hartley Hills ou Umfuli, et Victoria.

1° Salisbury et Entreprise. — Les reefs de ce district sont situés sur les premiers affluents du Mazoé river, ceux qui entourent Salisbury au nord et à l'ouest dans un rayon de 30 à 40 kilomètres. Ils sont sur les premières pentes descendantes du plateau central, et sont généralement dans des bandes de schistes métamorphiques, mais tout à fait au voisinage du contact de ces schistes avec le granite ; le granite est souvent décomposé ; la diorite à augite et le kaolin apparaissent en de nombreux endroits, ainsi que le calcaire gris auquel nous avons fait allusion précédemment. Le reef le plus développé est le *Salisbury* reef ; on y a monté une batterie de 5 pilons, le reef est très pyriteux et encaissé dans des schistes à épidote et hornblende ; nous n'avons pas eu occasion de nous y arrêter, mais, dans son prolongement, nous avons étudié une série de reefs rayonnant autour d'un même point, les *Danube's* reefs.

Les *Danube's* reefs à flanc de coteau sur des collines granitiques sont sur les bords du contact des schistes avec les granites. Dans les schistes, traversés de diorites, on a trouvé des veinules de quartz plus ou moins minéralisées, sans importance. Mais, dans le granite même, nous avons compté trois reefs et plusieurs leaders. Le premier reef est formé de plusieurs leaders, c'est un quartz blanc, opaque, grenu, contenant des pyrites et de la galène ; certain leader est formé parfois de pétrosilex de 0^m,30 d'épaisseur. Les vieux travaux abondent à la surface de ces reefs ; ils vont passer sous des éboulements de blocs de granite dont plusieurs ont été déplacés ; on a retrouvé là des leaders de quartz dans un encaissement de granulite en décomposition ; cette granulite montre les cristaux de quartz dans un feldspath blanc qui devient une sorte d'argile décomposée ; les leaders de quartz, restés compacts, sont assez minéralisés en pyrites et galène, le quartz est parfois saccharoïde. Lorsque les leaders se croisent, il y a de gros cristaux de quartz enchevêtrés, la puissance totale des leaders atteint 1^m,50 à 2 mètres. Tout le long du reef sont amoncelées des terres rouges avec débris de quartz carié, et donnant de l'or aux pannings. A l'extrémité sud-est, le reef se perd dans des pointements de diorite, mais on peut le suivre sur près de 1.000 mètres.

Ce reef est croisé au nord-ouest par un autre plus important, et toujours dans le granite qui a subi des fissures dans plusieurs sens. Au croisement des reefs, il a une allure broyée et tourmentée. Ce second reef est proprement le Danube reef ; il est arrivé à 4 mètres de puissance, et il est encaissé le plus souvent dans la granulite à quartz rosé et feldspath blanc et rose, et dans la syénite à gros éléments qui prend aussi une teinte violette ; ces roches mêmes sont aurifères près du contact avec le reef, au toit. Au mur, l'encaissement est formé généralement par les schistes ; l'inclinaison est, en moyenne, de 40° vers le nord. La minéralisation consiste en pyrites et galènes. Les pannings donnent partout des traces d'or. Plusieurs leaders sont visibles en différents endroits, les vieux travaux y sont remplis de quartz carié, et à l'extrémité où le reef aboutit dans la vallée, les amoncellements de débris sont encore plus nombreux et mêlés à des scories de fer. Dans cette vallée, le fond est couvert de terrain de transport avec débris de schistes chloriteux verts, de diorite, de syénite, etc. On peut suivre le reef sur 1.000 mètres.

Le troisième reef forme un angle très obtus avec le premier, qu'il vient croiser assez près du point où il croise le Danube reef ; il est formé de plusieurs leaders de 25 à 30 centimètres, et consiste en quartz vitreux rose et quartz saccharoïde minéralisé en pyrites ; les vieux travaux y atteignent 20 à 25 mètres de profondeur sur les pentes du Saint-Gérier range ; il est encaissé dans la granulite décomposée et passe sous les blocs de granite qui couronnent les sommets de la colline et lui donnent l'aspect de ruines des castels kopjes : il incline vers le nord. Entre lui et le Danube reef se trouve bien marquée la ligne d'affleurement des schistes venant toucher le granite, il y a la place d'une faille dirigée sud-ouest—nord-est, inclinant au nord, et on retrouve le même phénomène au-delà du Danube reef.

C'est un ensemble granitique en décomposition, parcouru de fentes et de reefs de quartz minéralisé et de dykes de diorite au contact de schistes métamorphiques.

Sur l'autre versant du Saint-Gérier range, qui ne dépasse guère que de 60 à 80 mètres le fond de la vallée du Mazoé, on descend vers une plaine d'alluvions aurifères modernes ; au-delà de cette plaine, dans une nouvelle rangée de collines où reparait le granite accompagné de basalte, on trouve encore d'anciens travaux, mais sans importance, et qui n'ont pas encore été repris.

Sur un autre affluent du Mazoé se trouvent les reefs d'Entreprise, où, en attendant de retirer de l'or, on exploitait de la chaux, lors de notre séjour en 1895, pour les bâtiments de Salisbury. Les reefs *Gladstone, Aberdeen*, etc., sont tous des veines de quartz dans les schistes micacés du voisinage des granites ; on y trouve quelques vieux puits. Le reef Gladstone est reconnu par plus de 80 mètres de puits. On y prépare une batterie de 10 pilons.

Le reef *Countess*, à 40 kilomètres de Salisbury, est presque vertical et bien marqué par d'anciennes fouilles espacées de 15 à 20 mètres, longues de 70 à 80 mètres. Un puits, foncé près d'une de ces fouilles, a suivi le toit d'un reef de quartz qui a $1^m,50$ de puissance en ce point. Le quartz est opaque, jaunâtre et granulé, parfois noir ou grisâtre, parcouru de veines blanches ou en petites facettes cristallines et soyeuses ; il est très ferrugineux à la surface. La roche encaissante est formée de schistes, mais des dykes de diorite viennent affleurer à quelques mètres du reef. La zone où il se trouve forme une légère élévation d'une vingtaine de mètres au-dessus de la plaine où passe la rivière Mapène, à 3 kilomètres environ. Ce sont les dernières ondulations des collines dans cette direction vers le Mazoé. De là, la plaine continue à s'abaisser, et ce n'est que beaucoup plus loin que reparaissent les collines.

2° District de Mazoé. — Nous avons vu une quantité de reefs dans ce district, où les vieux travaux sont plus abondants peut-être que partout ailleurs, mais la plupart ne méritent pas d'être décrits, car ce qu'on en voit est absolument insignifiant; nous ne nous arrêterons qu'aux principaux.

Presque tous ces reefs sont compris dans les bandes de schistes qui forment le versant est de la chaine de montagne de l'Umwurkwe, chaîne dirigée à peu près nord-sud, et séparant la vallée du Mazoé de celle de l'Hanyani où se trouvent les mines de lo Mogundis. Ainsi les deux versants de cette chaine, lo Mogundis et Mazoé, ont été minéralisés. La chaine elle-même, longue de 80 kilomètres et plus, est formée de roches d'origine éruptive; on y peut voir encore, enfouis sous les broussailles et les arbres, les traces de plusieurs grands vides en forme de cratères, de 60 à 80 mètres et plus de diamètre, avec des débris d'une roche opaque rappelant l'obsidienne. Du côté du Zambèze elle va en se ramifiant en petites collines généralement dioritiques, ce qui lui donne une longueur totale de 120 à 130 kilomètres. Les roches qui la composent sont la diorite et la serpentine et, en outre, une roche formée presque uniquement de péridot, la péridotite, qu'on trouve également dans le district d'Entreprise, notamment à l'entrée de ce district en venant de Salisbury. Les reefs de Mazoé sont sur le versant est de cette montagne et, par suite, sur les affluents de gauche du Mazoé river, sur l'Embrodzïe, le Watacay, le Wantzie, le Soroué, le Louia ou Rouia, etc. A mesure qu'on descend cette rivière, le granite apparaît de plus en plus, formant lui-même des collines de 100 mètres et plus de hauteur, en ilots séparés de la chaine de l'Umwurkwe.

Les reefs de *Stanley*, *Good Luck*, *Little gipsy jess*, etc., sont formés souvent de quartz glacé, rarement de quartz grenu saccharoïde ; ce quartz glacé est souvent coloré, surtout en jaune clair ; l'or est à l'état libre et forme des nuggets parfois très beaux, le reef atteint 2 mètres de puissance dans un encaissement de schistes presque au contact de la diorite : il est à flanc de collines, près des chutes d'eau de 12 mètres de hauteur de Watacay.

Tout un autre groupe de reefs est à quelques centaines de mètres de distance. Ce sont *Hardy*, *Puzzle*, *Homeward bound* ; ils sont formés de quartz grenu à or fin de $0^m,60$ à $0^m,80$ d'épaisseur dans les schistes : le dernier était le plus riche ; mais il présente une particularité curieuse : il s'arrête net à 2 à 3 mètres de profondeur, on n'a pu le retrouver au delà.

Le long du torrent suivant, le Wantzie river, la vallée est remplie d'alluvions aurifères où les noirs trouvent actuellement encore de beaux nuggets d'or ; ils font des trous dans l'alluvion qu'ils lavent sur place, et arrivent, disent-ils, à en réunir pour une livre sterling par jour ; on dit même qu'ils jettent les grosses pépites, comme entachées de sorcellerie, pour ne garder que l'or plus fin. Ces alluvions ont près de 1 kilomètre de longueur sur 100 mètres de largeur, la profondeur à laquelle on les lave est de $1^m,20$ à $1^m,50$; la rivière est assez forte au voisinage ; les alluvions sont irrégulières, il y a de véritables poches riches.

En amont, le Wantzie sort de régions montagneuses inexplorées. Comme ces régions sont granitiques et, par suite, passent pour stériles en reefs aurifères, on n'y a

pas encore prospecté : cependant il est fort probable que
c'est de là que viennent les alluvions. A l'entrée de ces
gorges, au contact des schistes ardoisiers, on voit dans la
rivière et sur ses bords de magnifiques affleurements de
roches granitiques à éléments gigantesques : c'est une
sorte de pegmatite avec de grands cristaux noirs de mus-
covite atteignant 15 centimètres. Nous n'avons pu déta-
cher, sans les briser, ces cristaux parfaitement réguliers,
terminés en pyramide à chaque extrémité. La roche est
en bancs aplanis, formant comme des degrés immenses,
phénomène difficile à expliquer.

On a donné le nom de *Kimberley*, à cause de la ressem-
blance, bien qu'éloignée, avec les immenses fouilles des
mines de diamants, à d'anciennes fouilles situées près du
Curmaputzie river, longues de 40 à 50 mètres, profondes
de 15 à 20 mètres; tout autour, la roche est une diorite
extrêmement dure, on n'y a point encore travaillé; il s'agit
peut-être d'une diorite aurifère. A quelques kilomètres
de là viennent aboutir les schistes avec un reef de quartz
puissant de 1 mètre par endroits, tenant de l'or et de la
pyrite cuivreuse.

Au-delà du *Mont Mapondera* (granites érodés) sur le
Louia ou Rouia, à 100 kilomètres de Salisbury, se trouve
une très grande étendue de vieux travaux. C'est d'abord
une excavation elliptique, longue de 60 à 70 mètres,
large de 40, profonde de 7 à 8; le fond est rempli d'ébou-
lis. Un nouveau puits de 15 mètres foncé tout à côté,
suivi d'un travers-bancs de quelques mètres, a recoupé
un reef de plus de 2 mètres formé d'une roche felspathique
aurifère décomposée dans un encaissement de micaschistes
très quartzeux. Ce feldspath se décompose en une sorte
d'argile kaolinique. Il pouvait y avoir là le croisement de
plusieurs reefs riches, ce qui aurait donné lieu au grand
affouillement, ou bien c'est encore une diorite aurifère.
Un peu plus loin deux autres séries de vieux travaux

marquent la place d'autres reefs récemment mis à jour par des puits de prospection : les premiers ont environ 100 mètres de longueur sur 25 à 30 de largeur, la roche est un micaschiste à mica doré ; les seconds ont 70 à 80 mètres sur 30 et sont formés d'une série de puits variant de 4 à 8 mètres de diamètre. Enfin, sur une étendue de 4 à 5 kilomètres carrés, le sol est couvert d'une quantité d'autres affouillements anciens, puits et tranchées. Les bords de la rivière avoisinante abondent en pierres polies et creusées, on en compte par centaines, les unes ayant dû servir pour le broyage et le lavage des reefs, les autres pour le broyage du maïs, la nourriture ordinaire des noirs.

Quittant ces affluents du Mazoé pour revenir en amont sur le Mazoé lui-même, nous retrouvons autour de la mine *Alice*, sur une étendue de plus de 20 kilomètres carrés, une quantité de vieux travaux ; il y en a partout, sur les flancs et les sommets des collines qui séparent les vallons des affluents du Mazoé.

A *Portora*, sur 300 mètres de longueur, les vieux travaux encombrent des collines hautes de 40 à 50 mètres, dont les crêtes sont couvertes de puits étroits entre des alignements de schistes argileux ; il s'agissait d'un reef quartzeux très large, mais formé de ramifications dans les schistes avec des intervalles schisteux. On appelle l'endroit la carrière d'or, *golden quarry*, mais il est impossible de dire maintenant la teneur en or de cette carrière : le quartz est foncé et en certains points très abondant en pyrites. La plaine au bas de la colline est couverte de travaux d'alluvions, et de pierres polies ou crucibles.

Le reef *Alice* est dans une région qui fait suite à la précédente et ressemble aussi à une ruche (*honeycombed*, disent les Anglais), tellement les vieilles fouilles y sont serrées et étendues. Le reef d'Alice est bien reconnu par sept puits, dont le plus profond a 50 mètres, étendus sur près de 200 mètres de longueur, et prolongés vers les crêtes des montagnes par de vieux travaux continus. On a trouvé l'eau à 36 mètres de profondeur, ce qui a sans doute arrêté les anciens mineurs. Un autre reef est parallèle à celui d'Alice à 200 mètres environ au sud-ouest. La roche filonienne est formée surtout de quartz glacé à nuggets, plus rarement de quartz grenu à or fin. Les oxydes de fer abondent à la surface. Plus bas ce sont les pyrites de fer et de cuivre, la galène et un peu de blende. Le quartz est aussi riche en or libre à 50 mètres de profondeur qu'à 25. Le reef a $0^m,60$ à $0^m,80$ d'épaisseur, il est séparé en deux ou plusieurs leaders par des schistes qui tiennent également de l'or. L'encaissement est formé de schistes que le reef suit parallèlement. Les tas de minerai extrait que nous avons vu, montant à près d'un millier de tonnes, sont formés de blocs de quartz tenant presque tous de l'or libre, généralement en paillettes plutôt qu'en nuggets. L'abondance des eaux du Mazoé en cet endroit a permis d'installer une batterie de 10 flèches de 950 livres.

Le commissariat des mines du district de Mazoé est installé à 2 à 3 kilomètres de la mine Alice.

Le reef de *Vesurius*, à 1 kilomètre et demi de distance du précédent, est du même genre, plus puissant, mais moins riche, reconnu sur 70 mètres de hauteur par un travers-bancs de 125 mètres. Ce reef est destiné à être exploité en même temps que celui d'Alice.

Dans le prolongement au nord-est du district de Mazoé, il faut citer les districts aurifères d'*Abercorn* et de *Mont Darwin*, mais nous ne les avons pas visités.

3° District de lo Mogundis. — La principale mine qu'on travaille dans ce district est celle d'Ayreshire. Les reefs sont principalement situés, comme nous l'avons dit, sur le versant occidental de la chaîne de l'Umwurkwe comme celles de Mazoé sont sur le versant oriental. On suit des reefs tout le long du Maquatsie river, le principal affluent de l'Hanyani, et on en trouve aussi quelques-uns sur cette dernière rivière.

Le reef de *Mandora*, à 90 kilomètres de Salisbury, est un reef de quartz de $0^m,80$ à 1 mètre. Ce quartz est en général pauvre, mais il renferme des poches riches, probablement développées en colonnes. L'encaissement est formé par les schistes au toit et la diorite au mur. Les vieux travaux couvrent toute la légère élévation de terrain dans laquelle se trouve le reef. Ce reef est prolongé par une série de vieux puits où on trouve des quartz aurifères, puis il reparaît en relief, l'encaissement ayant été enlevé par les érosions atmosphériques, sur les propriétés *Times*, *Standard*, *Daily News*, etc.; on suit la diorite sur 8 à 10 kilomètres. La roche encaissante est formée de schistes chloritiques.

On arrive ainsi à la mine de *Ayreshire*. C'est un véritable dyke de diorite aurifère de plus de 20 mètres d'épaisseur; la zone aurifère s'étend même sur près de 100 mètres de puissance, mais les essais donnent une plus forte proportion d'argent que d'or. La diorite est à veines de quartz et de felsdpath, dirigée est-ouest; elle plonge à 80° vers le nord. Outre les granites et les gneiss, la roche encaissante est un schiste de structure granitique avec hornblende. Il y a deux grands affouillements anciens, tous deux de plus de 100 mètres de longueur, sur 25 de largeur, séparés par un intervalle non exploré long de 140 mètres. Ce dyke est situé entre les gneiss et une colline de granite en place et en boulders, un castel kopj. Les nouveaux travaux consistent en une série de puits dont le plus profond avait 25 mètres, et de galeries dont la longueur totale avait 200 mètres environ en septembre 1895. Nous avons vu de très beaux échantillons de diorite renfermant des nuggets d'or libre, on a eu des essais de 21 onces et même de 102 onces à la tonne.

Ce reef est prolongé par celui qu'on appelle *Woodburne-Ayreshire*, nouvellement découvert et du même genre.

Le commissariat des mines du district de lo Mogundis est au voisinage des mines d'Ayreshire.

A 18 kilomètres plus loin au nord-ouest se trouvent les anciens travaux de *Chininga* près de Sinoia sur l'Hanyan river où l'on a mis à jour un reef de quartz de $0^m,60$ à $0^m,80$. Près de Sinoia également se trouvent les vieux travaux de Mtopota, les plus considérables qu'on ait encore découverts au Charterland; ils l'ont été pendant notre séjour dans ce pays; ils étaient entièrement cachés à la vue par d'épais fourrés de broussailles et de forêts. C'est une excavation elliptique de 100 mètres de diamètre sur 80 mètres et 25 à 30 mètres de profondeur. A partir d'ici, la diorite prend une très grande extension jusqu'à 160 kilomètres au nord vers le mont Gotha.

Toujours sur le versant occidental de l'Umwurkwe, mais à 60 kilomètres plus au nord, non loin du mont Gotha, sur le Dunde river, affluent de l'Hanyani, on a trouvé récemment de vieux travaux importants dans les gneiss et le granite. Les gneiss sont aurifères par lentilles plus ou moins quartzeuses; on y voit de l'or libre. Les dierres polies se comptent par milliers dans cette région. Certains granites ont une disposition particulière des cristaux de mica rappelant la diorite orbiculaire.

Citons, enfin, à 60 kilomètres environ au nord-ouest des précédents, sur l'Angwa river, affluent de gauche de l'Hanynani, d'autres fouilles anciennes paraissant se rapporter à des reefs aurifères; elles ont plusieurs centaines de mètres de longueur, on leur a donné le nom de *Sheba old workings*. Plus on descend vers le Zambèze, plus les alluvions augmentent, et celles de l'Hanyani, comme celles du Mazoé, passent pour être encore aurifères.

Il existe dans le district de lo Mogundis d'autres reefs

que ceux que nous avons cités, mais ils sont moins bien reconnus et jusqu'à présent ne paraissent pas aussi importants.

C'est entre l'Angwa river et la courbe que fait le Zambèze à l'ouest de cette rivière, que se trouvent les grands dépôts de charbon nouvellement reconnus.

4° District de Hartley Hills. — Ce district, situé au nord-ouest de Salisbury, sur la rivière Umfuli et ses affluents, est divisé en trois parties : Upper Umfuli dont la mine *Béatrice* est la plus connue ; Hartley Hills proprement dit, avec la mine *Inez* ; et Lower Umfuli, avec les reefs de *Gootooma*. Dans tout ce district on n'a encore installé qu'une batterie de 5 flèches de 750 livres sur les bords de l'Umfuli, à 1 kilomètre et demi de Hartley Hills.

C'est à Hartley Hills qu'a été installé le commissariat des mines du district.

L'endroit est ainsi appelé à cause de la présence de trois collines où M. Hartley, un chasseur bien connu de l'Afrique du Sud, avait établi son centre d'opérations. Ces collines n'ont guère que 30 à 40 mètres de hauteur et sont constituées par des roches éruptives dioritiques surgissant du milieu des schistes veinés de quartz, avec des reefs quartzeux minéralisés tenant un peu d'or.

Dans l'Upper Umfuli, la mine *Béatrice*, à 57 kilomètres de Salisbury au sud, est située à la limite des granites, au contact des schistes argileux métamorphiques, au voisinage de nombreux pointements de diorite. Il y a deux alignements de reefs, l'un sur la rive droite, l'autre sur la rive gauche de l'Umfuli river. Sur la rive droite, les mines *Sunrise*, *Violet*, *Mascott* se font suite sur une longueur de près de 100 mètres d'anciennes fouilles; le quartz qu'on y trouve est à grain fin. Ces travaux suivent parallèlement la rivière.

Sur la rive gauche de l'Umfuli, à 1.500 mètres en aval, les vieux travaux de *Béatrice* ont une plus grande extension ; ils s'étendent sur 300 mètres de longueur, dans une direction brisée, et non tout à fait en ligne droite. La direction moyenne est du nord-est au sud-ouest, et le plongement du reef, recoupé dans les travaux récents, est de 35° à 40° au sud-est. En dehors de fouilles sans profondeur, les vieux travaux comprennent quatre tranchées, deux de 20 à 25 mètres de longueur, une sorte de puits circulaire de 3^m,50 de diamètre, et la grande fouille de 35 à 40 mètres de longueur sur 10 à 12 de largeur. La profondeur ne dépasse pas 9 mètres. c'est-à-dire le niveau des eaux de l'Umfuli. On y a creusé à nouveau cinq puits, quatre de 9 mètres, et un de 15 mètres, où l'eau est très abondante. Ce reef est un quartz grenu à or libre, certains échantillons sont riches, il a 0^m,60 à 0^m,80 d'épaisseur. Un broyage de 100 tonnes, exécuté à la batterie de 5 pilons d'Hartley Hills et auquel nous avons assisté pendant une demi-journée, en septembre 1895, a rendu 563 onces d'or, soit 5 onces 1/2 par tonne. Cette batterie est à 100 kilomètres environ de Salisbury sur l'Umfuli.

On a trouvé quelques reefs autour des collines d'Hartley, comme *Salamander*, *Matchless*, etc., mais ils n'étaient pas travaillés lors de notre passage. On a eu 25 grammes par tonne sur 60 tonnes de Salamander passées au broyage.

Le district d'Hartley Hills ne commence guère qu'à 25 kilomètres au sud-est de la batterie et du commissariat des mines, dans une région infestée par le gros gibier et la mouche tsétsé, et où par suite l'on ne peut pénétrer avec des bœufs. C'est le Mombi river, un des affluents du Sanyati, qui prend sa source non loin de Gwelo. D'ailleurs au sud, ce district d'Hartley Hills est suivi sans interruption par le district minier de Gwelo (Sabakwo) dans le Matabeleland.

La région du Mombi commence par de belles collines boisées, formées de schistes et de diorites. Dans le reef *Harvester*, encore mal reconnu, le quartz renferme de l'or et du cuivre gris, avec des carbonates de fer et de cuivre près de la surface. Le quartz est grossièrement cristallisé.

Ce reef paraît se prolonger à l'ouest sur l'autre rive du Mombi, par ceux de *Duchess* et de *Concession Hills*. Nous n'avons vu à Duchess qu'un puits récent qui paraît avoir 18 à 20 mètres de profondeur dans les schistes.

Concession Hill, qui lui fait suite sans interruption, est une colline de schistes. Cette formation schisteuse forme ici une saillie en relief qu'on peut suivre sur plusieurs kilomètres. La colline a été recoupée par un puits de 15 mètres à travers les vieux travaux du sommet et venant rencontrer un travers-bancs, suivi d'une galerie en direction dans le reef intact à cette profondeur. Il y a, à peu près au même niveau et distant de 60 à 80 mètres, trois travers-bancs ayant recoupé le reef, ainsi reconnu sur près de 200 mètres de longueur : il varie de 1 jusqu'à 4 mètres de puissance; c'est un quartz glacé mélangé de pétrosilex, très redressé, et tenant beaucoup d'oxyde de fer et un peu de cuivre. L'or est libre, en paillettes dans les cassures du quartz, et comme en peinture sur la paroi au contact des schistes, plutôt qu'en nuggets. Sur les territoires de Duchess et de Concession Hill on peut le suivre sur plus de 3 kilomètres de longueur.

Une seconde ligne de reefs est à 6 à 7 kilomètres au sud de celle-ci : on y a marqué des séries de claims : *Old Chum, Tenderfoot*, etc. Le quartz est plus fin qu'à Concession Hill, il est parfois grenu, mais les travaux sont encore bien rudimentaires; on trouve l'eau à 9 ou 10 mètres de profondeur. A *Old Chum* cependant il y a un puits de 15 mètres; les essais au panning sont souvent très bons. On a obtenu 35 onces sur 15 tonnes sans les tailings. Ces reefs ne paraissent pas tenir de cuivre comme les précédents.

La troisième ligne de reefs possède la mine *Inez*, la principale du district, à 4 ou 5 kilomètres au sud de la précédente, soit à 135 kilomètres environ de Salisbury. Le cuivre y reparaît, et accompagné d'antimoine, mais non d'arsenic. La stibine prend parfois une grande importance, elle est tantôt en aiguilles, plus souvent en plaquettes de plusieurs centimètres d'épaisseur. Le reef a été suivi par quatre puits de 10 à 15 mètres et un autre de 60 mètres, pour lequel on a installé un treuil et une pompe à vapeur ; on a creusé 250 à 300 mètres de galeries en deux étages. Le reef arrive à $1^m,50$ et $1^m,80$ d'épaisseur. Sur 40 tonnes on a obtenu 125 onces d'or, mais avec un minerai trié ; la teneur parait plutôt faible en profondeur.

Enfin dans le *Lower Umfuli*, les reefs *Eiffel blue*, *Eiffel black*, etc., ont donné jusqu'à 26 onces par tonne pour certains échantillons à l'affleurement ; le reef a $0^m,30$ à $0^m,60$, on l'a reconnu par des séries de puits de 10 à 14 mètres de profondeur, avec des amorces de galeries en direction, au contact de la diorite.

Passant à un autre affluent du Sanyati, le Sura Sura, nous trouvons les reefs de *Gootooma*, qui paraissent recouper les schistes. Sur la propriété *Primrose*, les vieux travaux sont interrompus sur une largeur de 3 à 400 mètres. On y a commencé tout récemment quelques travaux (septembre 1895).

3° District de Victoria. — A notre grand regret, nous n'avons pas eu le temps de visiter le district de Victoria, le premier découvert au Mashonaland, tout autour des ruines célèbres de Zimbabyé. Les reefs ne paraissent malheureusement pas avoir tenu en profondeur les promesses des affleurements.

A *Cotopaxi*, en 1894, un broyage de 1.018 tonnes avait rendu 385 onces d'or, soit 14 grammes par tonne ; dix pilons étaient en activité. Un nouveau broyage, de janvier à mars 1895, en trente-six jours, sur 995 tonnes, avait rendu 504 onces, soit 16 grammes.

Le *Victoria* reef, reconnu à 45 mètres de profondeur, avait rendu jusqu'à 4 onces.

Le *Zimbabye* reef, tout près des ruines, était un quartz à beaux échantillons.

Les *Standard* reefs étaient une série de cinq reefs de quartz entre les schistes ardoisiers et les grès, ayant rendu plus d'une once sur 156 tonnes ; l'un d'eux, reconnu sur 100 mètres de profondeur, était attaqué par trois niveaux sur 70 mètres d'allongement. Il y a une batterie de 5 pilons.

Le *Dickens* reef a rendu 900 onces pour 1.000 tonnes passées au broyage de la batterie de 5 flèches. Citons enfin le *St-Swithin* reef, le *Cambrian* reef, etc., du même genre.

Il y avait 20 pilons en activité dans le district de Victoria, alors que dans tout le reste du Mashonaland, il n'y en a encore que 20 d'installés et 10 attendant leur érection à Entreprise.

§ 3. — LE MATABÉLÉLAND.

Le Matabéléland a été divisé en une série de districts miniers qui sont les suivants : Gwanda, Insiza, Belingwe, Selukwe, Shangani, Bembesi et Sabakwe.

Les reefs et les formations suivent la même allure générale qu'au Mashonaland, les reefs sont près du contact des schistes métamorphiques avec le granite ou les diorites ; ils sont généralement discontinus et formés de suites de lentilles, les affleurements sont peu saillants,

Comme nous n'avons guère fait que traverser ce pays par Sabakwe, Gwelo, Selukwe, Buluwayo et Insiza, nous serons obligé d'être très bref.

Dans le district de Sabakwe, à 20 kilomètres environ de la halte que fait le *mail-coach*, au store ou magasin de Sabakwe, il y a trois reefs dont les affleurements sont bien marqués par les anciens travaux. La principale de ces vieilles fouilles atteint 50 mètres sur 25, les autres sont disséminées sur une longueur totale de 10 à 12 kilomètres. Parmi eux sont les *Athen's* reefs nouvellement reconnus par des puits de prospection de 10 à 12 mètres. Le quartz atteint 3^m,50 de puissance. La région est formée de collines schisteuses, hautes de 40 à 50 mètres, permettant d'attaquer les reefs en travers-bancs. Les autres reefs en aval sont *Tiger, Ivanhoe, Monte-Christo*, etc.

Tout le long de la rivière de Gwelo, au sud-ouest de celle de Sabakwe, on a marqué une autre série de reefs. A *Chicago* et *Gaïka*, l'or est en veines de quartz dans les stéaschistes. Le reef de *Geelong* atteint plusieurs mètres de puissance.

Dans le district de Selukwe, à 35 kilomètres environ au sud-est de Gwelo, dans une région de collines boisées, existent plusieurs alignements de reefs parallèles, dirigés au nord et au sud-ouest, et dont les principaux sont *Balaklava, Bonsor* et *Tebekwe*.

Balaklava et *Bonsor*, qui se suivent, sont des reefs de quartz tenant de l'or libre en lamelles incrustées dans les fentes de quartz. L'encaissement est formé par les schistes métamorphiques et une roche granitique : syénite verte à mica foncé, tenant elle-même de l'or libre, le quartz pénètre la syénite : ce reef atteint 1^m,20 d'épaisseur. Le *Bonsor* reef tient des pyrites, des pyrites arsénicales et de la galène.

A *Tebekwe* existe, entre autres, un reef qui parait

intéressant. Il est bien marqué par les vieux travaux sur plusieurs kilomètres de longueur, et reconnu jusqu'à 35 mètres de profondeur par un puits vertical. Il est partiellement exploitable en galeries, car il traverse les collines à flanc de coteau. C'est un quartz à or libre qui paraît en certaines places recouper obliquement les schistes métamorphiques. Le fer existe en abondance dans la région, Iron stone range, Selukwe peak, Mont d'Or ou Mont Adair ; au delà, les plaines granitiques sont couvertes de collines de granite ou *castle kopjes*, jusque vers Bembesi et Victoria.

Dans le prolongement de Tebekwe, les reefs de *Dunraven*, parallèles sur une largeur de 200 à 300 mètres, puissants de 1 mètre à $1^m,50$, ont donné des essais de 16 onces.

On a trouvé de nombreuses fouilles anciennes près de *Belingwe*.

Dans le district de *Bembesi*, à 35 kilomètres au nordest de Buluwayo, la mine Queen's a été la plus explorée. Cette mine est non loin de la route des mail-coachs dans des plaines rappelant celles de la mine Beatrice, au Mashonaland. Il y a deux reefs dirigés nord-est—sud-ouest, de $0^m,80$ à $1^m,50$ de puissance, au contact des schistes et de la diorite. Les essais dépassent quelquefois une once. Le puits principal est muni d'un treuil à vapeur et d'une pompe de Cornwall, véritable exception au Charterland.

Enfin, dans le district d'*Insiza*, le reef de *Nellie*, près d'un vieux fort, est un quartz glacé dans les schistes métamorphiques près des granites, au sud des montagnes nommées Matoppo Hills, régions de schistes et de diorites, très accidentées et boisées, coupées de ravins assez profonds.

Le district de *Tati* fait suite à ceux du Matabéléland, mais il ne fait pas partie de ce pays, il forme une concession séparée dans le Bechuanaland.

Le nombre de claims miniers, marqués dans le Matabéléland, lors de notre passage, dépassait 30.000 contre
près du double au Mashonaland.

Conclusions.

Notre conclusion générale est que, si la généralité des
reefs est de peu de valeur, à cause des conditions géologiques du Charterland, il est cependant probable qu'en
quelques points où les vieux travaux sont particulièrement
étendus, mais encore mal étudiés ou même non étudiés,
on peut trouver une concentration suffisante et assez
riche pour mériter des travaux importants et donner des
résultats d'avenir.

Au point de vue de l'exploitation et de l'administration
des mines, il y a lieu de faire quelques observations.

Les mines sont régies par une loi spéciale promulguée
en 1895 et d'ailleurs sujette à des revisions, il est donc
inutile d'entrer dans des détails. C'est une combinaison de
la loi de l'or du Transvaal et de la loi des mines des États-
Unis. Les formalités sont réduites à leur plus grande
simplicité. Les deux caractères principaux de cette loi
sont la concession des reefs aurifères sur toute leur profondeur et l'imposition d'un droit de 50 p. 100 prélevé
par le Gouvernement sur les actions émises à la fonda-
tion de toute société d'exploitation.

Ce droit exorbitant de 50 p. 100 a été atténué jusqu'à
20 p. 100 pour quelques compagnies, et il est à souhaiter
qu'il le soit toujours, car il suffirait à décourager bien des
exploitants, quelles que soient les raisons qui l'ont fait
instituer légalement.

La concession d'un reef en profondeur, accordée également aux États-Unis, entraine de grandes difficultés,
lors des rejets ou des croisements des reefs.

Le chef de l'Administration des Mines ou Ministre des Mines réside à Salisbury où sont centralisés les bureaux, mais il y a un autre bureau principal à Buluwayo et un commissaire des mines dans chaque district minier : on a vu que ces districts sont souvent immenses.

Quant à l'exploitation des mines, il paraît difficile d'y songer avant que le Charterland soit rendu plus abordable. Il n'existe encore que le télégraphe et le service des coachs traînés par des mules ; ce service se fait deux fois par semaine de Mafeking à Buluwayo et à Salisbury, une fois par semaine de Pietersburg (Transvaal) à Buluwayo, et trois fois par semaine d'Umtali à Salisbury. La confection des routes ne consiste qu'à abattre les arbres qui gênent le passage et à aplanir un peu la côte au passage des rivières trop encaissées. Il est heureux que tout le haut plateau soit peu accidenté, sans cela il serait impossible de franchir, comme on le fait, en onze jours, les 1.300 à 1.400 kilomètres qui séparent Mafeking de Salisbury. Le pays fait l'effet d'avoir été improvisé : or cela est absolument insuffisant pour sa mise en valeur ; les transports sont impossibles, ou à des prix fantastiques, et il faut six mois et plus pour le transport des moindres machines ; les bœufs, qui ont commencé l'Afrique du Sud, sont un moyen extrêmement lent, et bon seulement pendant la période des débuts.

Les chemins de fer n'offrent aucune difficulté de construction à travers le haut plateau, et ne coûtent pas cher ; on a pu poser un mille, ou 1.600 mètres, de rails dans une journée. La section de Mafeking à Palapye est près d'être terminée, en un an elle peut atteindre Buluwayo. Du côté d'Umtali, on presse activement le prolongement de la voie ferrée qui atteignait Chimoio lors de notre passage ; la section de Fontesville à Beïra est terminée tout le long de la rivière Pungwe, il reste à poser le pont de Fontesvilla sur la Pungwe, qui sera construit sur pieux à vis. Ce chemin de fer aboutit à Beïra et se termine par un wharf en fer porté par des pieux à vis jusqu'à un tirant d'eau de 13 mètres ; ce wharf était presque terminé le 21 août dernier, quand nous l'avons vu à Beïra.

Les chemins de fer sont non seulement l'indispensable moyen de transport, mais le plus puissant moyen de colonisation et de mise en valeur d'un pays nouveau. Le développement de l'agriculture doit accompagner parallèlement celui des mines, or nous avons dit tout le parti qu'on peut tirer de la plus grande partie du Charterland au point de vue de l'élevage, du fermage et de la culture des céréales.

Tours. — Imprimerie Deslis Frères

337

9 782329 173641